改訂増補

消費税
軽減税率
170問 170答

税理士 金井恵美子 著

清文社

はじめに

　軽減税率は、平成28年3月29日に成立した「所得税法等の一部を改正する法律（平成28年法律第15号）」により法制化されました。その後、平成28年11月18日に成立した「社会保障の安定財源の確保等を図る税制の抜本的な改革を行うための消費税法の一部を改正する等の法律等の一部を改正する法律（平成28年法律第85号）」により、標準税率10％への引上げとともに2年6か月延期され、令和元年10月1日から実施されています。

　消費税の税率引上げは、国の信認にかかわる財政健全化と社会保障制度の充実という課題にあって、最も重要な改革の一つです。それが二度までも延期された理由は、増税による消費の落ち込みが景気を後退させ、財政再建に致命傷を与える可能性が大きいからです。この難問に立ち向かう施策として、軽減税率が選択されました。

　しかし、軽減税率は、たとえ増税の手助けになったとしても、制度の複雑化、商品価格の攪乱、税収への浸食、課税庁と納税者双方のコストの増加等を招くものです。消費の現場は大きな影響を受け、事業者の負担は増加しています。

　本書は、平成31年1月に発刊した『徹底解説！　消費税軽減税率150問150答』を改訂・増補したもので、軽減税率の適用対象、複数税率制度下の仕入税額控除、申告書作成時の税額計算の特例、事業者の対応など、複数税率制度における実務上の対応について、最新の情報に基づき、Ｑ＆Ａ形式でわかりやすく解説しています。本書が、実務に携わる方々の一助になれば幸いです。

　令和2年2月

税理士　金井恵美子

目次

第1章 消費税の概要

Q1 消費税の趣旨 ……………………………………………………………… 2
消費税は、どのような趣旨で設けられているのですか。

Q2 消費税の基本構造 …………………………………………………………… 3
消費税は、どのようなしくみになっているのですか。

Q3 仕入税額控除の要件 ………………………………………………………… 4
消費税の仕入税額控除は、どのようなしくみになっているのですか。

Q4 消費税の税率 ………………………………………………………………… 6
消費税の税率について説明してください。

Q5 消費税の税率の沿革 ………………………………………………………… 8
消費税の税率の沿革を教えてください。

Q6 旧税率8％と軽減税率8％の区別が必要 ………………………………… 10
軽減税率8％は、令和元年9月30日までの税率がそのまま残ったということですか。

Q7 軽減税率導入の理由 ………………………………………………………… 11
軽減税率は、なぜ導入されたのですか。

Q8 新旧税率の適用関係 ………………………………………………………… 12
9月30日までに商品の引渡しを行いその売掛金を10月1日以後に回収した場合、新旧税率のいずれを適用することになりますか。

Q9 旧税率を適用する経過措置 ………………………………………………… 13
旧税率を適用する経過措置について説明してください。

Q10 新税率の施行日をまたぐ取引等に係る経過措置 ……………………… 15
主な経過措置（新税率の施行日をまたぐ取引等に係る経過措置）には、どのようなものがありますか。

Q11 指定日を基準とする経過措置 ……………………………………………… 17
主な経過措置（指定日を基準とする経過措置）には、どのようなものがありますか。

Q12 旧税率か軽減税率か ………………………………………………………… 20
旧税率の国税は6.3％、軽減税率の国税は6.24％ということですが、飲食料品の譲渡が旧税率適用の経過措置の対象となる場合、どちらを適用することになりますか。

Q13 飲食料品の予約販売 ………………………………………………………… 21
税率の経過措置により8％が適用される予約販売により、飲食料品の譲渡をした場合はどうなりますか。

第2章 軽減税率の対象

Q14 軽減税率の対象 ……………………………………………………………… 24
どのような取引に軽減税率が適用されるのですか。

Q15 飲食料品の譲渡の範囲 ……………………………………………………… 25
飲食料品の譲渡の範囲をわかりやすく説明してください。

Q16 飲食料品の範囲 ……………………………………………………………… 27
「飲食料品」であるかどうかはどのように判断するのですか。

Q17 食品表示法の概要 …………………………………………………………… 29
食品表示法とは、どのような法律ですか。

Q18 加工食品及び生鮮食品（食品表示基準） ………………………………… 30
食品表示基準において、加工食品及び生鮮食品は、どのように示されていますか。

Q19 食品表示基準に掲載されていない食品 …………………………………… 34
食品か否かは、食品表示基準に掲載されているかどうかで判断すればよいのですか。

Q20 飲食料品であるかどうかは売手の判断 …………………………………… 35
人の飲用又は食用が可能なものは、全て軽減対象資産となりますか。

Q21 食品表示法に依拠することの問題点 ……………………………………… 36
軽減税率の対象を食品表示法に依拠することについて、問題はないのですか。

Q22　高級食材、輸入食材 ……………………………………………………… 37
高級食材も軽減税率の対象となりますか。また、輸入した食材の販売はどうですか。

Q23　植物の種子、生きている魚、生きている牛 …………………………… 38
Question16では、ヒマワリの種や、生きている魚、生きている牛は食品か、という疑問がありました。どうなりますか。

Q24　賞味期限が近い、規格外等の理由で安売りされるもの ……………… 39
当店は、賞味期限が近付いたものを安売りしていますが、この場合にも軽減税率は適用されますか。

Q25　動物の餌として購入される果物 ………………………………………… 40
果物店です。動物に与える目的で果物を購入する顧客がいますが、この顧客に対する販売に軽減税率を適用してもよいですか。

Q26　ノンアルコールビール、甘酒、みりん、料理酒 ……………………… 41
ノンアルコールビールの販売には軽減税率が適用されますか。

Q27　アルコール含有菓子類 …………………………………………………… 42
アルコールを含むお菓子は、酒類に該当しますか。

Q28　栄養ドリンク、健康食品 ………………………………………………… 43
栄養ドリンクや健康食品の販売は、軽減税率の対象ですか。

Q29　食品添加物の販売 ………………………………………………………… 44
食品の製造に使用する添加物の販売は、軽減税率の対象ですか。販売先が食品の製造以外に用いた場合はどうですか。

Q30　氷、水、ウォーターサーバー …………………………………………… 45
水や氷の販売は、軽減税率の対象ですか。水道水はどうですか。

Q31　飲食料品の製造加工 ……………………………………………………… 46
材料の支給を受けて行う食品の製造加工には軽減税率が適用されますか。

Q32　炭酸ガスの販売とボンベの回収 ………………………………………… 47
ボンベに入った炭酸ガスを仕入れて飲食店に販売し、後日、回収したボンベを仕入先に返却します。税率はどうなりますか。

Q33　果物狩り、潮干狩り、バーベキュー …………………………………… 48
いちご狩りなどの果物狩りの入園料は、軽減税率の対象となりますか。

Q34　お土産付きパック旅行、手作り体験ツアー …………………………… 49
パック旅行に飲食料品のお土産が付いている場合は、お土産代に軽減税率が適用されますか。

Q35　農業における農作物の販売 ……………………………………………… 50
収穫した米は直接消費者に販売することはなく農協に出荷しています。軽減税率の対象となりますか。

Q36　カタログギフト …………………………………………………………… 51
当社は、カタログギフトを運用する会社です。顧客は、当社から購入したカタログを贈答品として進呈し、もらった人はカタログから商品を選択して申し込みます。掲載する商品を全て飲食料品にすれば、カタログギフトの販売に軽減税率が適用されますか。

Q37　飲食料品の委託販売 ……………………………………………………… 52
飲食料品の販売を販売代行業者に委託している場合の取扱いは、どうなりますか。

Q38　飲食料品の購入に充てた出張費 ………………………………………… 53
出張の際に支給する日当が飲食料品の購入に充てられた場合、会社にとってその出張費は軽減税率適用の課税仕入れとなりますか。

Q39　食事の提供（外食）の範囲 ……………………………………………… 54
軽減税率の対象から除かれる食事の提供（外食）とは、レストランの営業のことですか。

Q40　「飲食設備」の範囲 ……………………………………………………… 55
どの程度の設備をしていれば、飲食設備となるのですか。

Q41　食べ歩き、屋外のテーブルの利用 ……………………………………… 56
顧客が食べ歩きを希望する場合、串焼きやソフトクリームをそのまま手渡ししています。軽減税率を適用するために持帰り用の包装をしないといけませんか。屋外のテーブルを自由に利用することができる場合はどうですか。

Q42　立ち食いそば、セルフサービス、ペットボトル飲料の提供 ………… 57
立ち食いのそば屋、セルフサービスの飲食店の税率はどうなりますか。また、グラス等の食器を使用せず、ペットボトル飲料をそのまま提供する場合はどうですか。

Q43　屋台、移動販売車による飲食料品の販売 ……………………………… 58
屋台のおでん屋やラーメン屋、縁日の屋台や移動販売車での飲食料品の販売は軽減税率ですか。

Q44　他の事業者が設置する飲食設備を利用する合意等 …………………… 59
他の事業者が設置する飲食設備について、利用に関する合意等があるかどうかはどのように判断するのですか。

Q45　店内飲食か持帰りかは買手が決める ……………………………… 60
「持帰りのための容器に入れ、又は包装を施して行う譲渡」は外食に含まないとされています。持帰り用に包装したものは全て軽減税率の対象になるのですか。

Q46　フードコート ……………………………………………………… 61
ショッピングセンターのフードコートに出店した場合、飲食設備がある場所において行う食事の提供になりますか。

Q47　ファストフード店におけるテイクアウト ……………………… 62
ファストフード店において、「テイクアウト」かどうかはどのように判断するのですか。

Q48　コンビニエンスストアにおけるイートインコーナーの利用 ……… 63
コンビニエンスストアにイートインコーナーを設けた場合、食品を購入する全ての顧客にイートインコーナーを利用するかどうか質問しなければならないのですか。

Q49　スーパーマーケットの休憩スペース ………………………… 64
スーパーマーケットの休憩スペースでは顧客が飲食をすることも可能ですが、そうすると、スーパーマーケットで販売する総菜などは標準税率になるのでしょうか。

Q50　持ち帰るといって購入した客が店内で飲食した場合 ……… 65
食品を持ち帰るといって購入した顧客が店内で飲食をした場合には、その状況に応じて適用税率を修正しなくてはいけないのでしょうか。また、その逆は、どうでしょうか。

Q51　持帰りができる回転寿司 ……………………………………… 66
回転寿司で、テーブルにおいて顧客が自由にパック詰めにして持ち帰ることができる場合、軽減税率の対象となりますか。

Q52　遊園地の売店や自動販売機による販売 ……………………… 67
遊園地の売店や自動販売機による飲食料品の販売は外食になりますか。

Q53　ホテルでの宴会、ルームサービス、冷蔵庫内の飲料 ……… 68
ホテルの宴会場や、会議室等で行われる飲食料品の提供は、軽減税率の対象となりますか。また、ホテルのルームサービスはどうでしょうか。

Q54　列車内の弁当の販売、映画館売店の飲み物等の販売 ……… 69
列車内を移動するワゴンで弁当や飲み物を販売した場合や、映画館の売店でポップコーンやドリンクを販売した場合はどうなりますか。

Q55　コーヒーチケット ……………………………………………… 70
10枚つづりのコーヒーチケットを販売する喫茶店です。チケットは出前にも利用することができますが、軽減税率の対象となりますか。

Q56　食券方式の食堂 …………………………………………………………… 71
食券方式の食堂です。顧客には、料理を提供する時点で、店内飲食か持帰りかを選択してもらい、それに応じた包装を行います。税率はどうなりますか。

Q57　ケータリング ……………………………………………………………… 72
軽減税率の対象とならないケータリングの範囲について、説明してください。

Q58　盛り付けと取り分け ……………………………………………………… 73
盛り付けと取り分けの違いは、税率の判定に影響するのですか。

Q59　出前、ピザの宅配 ………………………………………………………… 74
出前やピザの宅配は、ケータリングに該当し、標準税率となりますか。

Q60　老人ホームの給食、病院食 ……………………………………………… 75
老人ホームが入居者に提供する給食の税率は、どうなりますか。

Q61　学校給食と学生食堂 ……………………………………………………… 77
学校給食には軽減税率が適用されるということですが、学生食堂や企業の社員食堂についても軽減税率が適用されますか。

Q62　飲食料品の通信販売 ……………………………………………………… 79
通信販売による飲食料品の販売は、軽減税率の対象となりますか。

Q63　有料のラッピング、持帰りのための容器、保冷剤 …………………… 80
食料品の販売に際して、顧客の希望に応じて有料のラッピングを行っています。ラッピング代も含めて軽減税率を適用してもよいでしょうか。

Q64　無料の持帰りのための容器 ……………………………………………… 81
持帰りのための容器代を食品の代金に含めて請求すれば、軽減税率の対象となりますか。

Q65　一体資産とは ……………………………………………………………… 83
一体資産とは何ですか。

Q66　一体資産の税率 …………………………………………………………… 84
食品と食品以外をセットにして一つの商品とした場合、税率はどうなりますか。

Q67　一体資産に占める食品の割合 …………………………………………… 85
一体資産に占める食品の割合は、何を基準に判断すればよいのですか。

Q68　1万円以下の判定 …… 87
一体資産の価額が1万円以下であるかどうかは税抜価格によるのですか。

Q69　税込10,801円から10,998円の価格設定を避ける …… 88
税込で価格設定する場合の留意点を教えてください。

Q70　一体資産と一括譲渡 …… 89
一体資産に該当するかどうかは、どのように判断するのですか。

Q71　母の日のギフト …… 90
カーネーションとカステラをセットにした母の日のギフト商品を販売していますが、軽減税率が適用されますか。

Q72　ジュースとビールの詰め合わせ …… 91
お中元やお歳暮等の贈答用として、ジュースとビールのセット商品を販売しています。ビールの割合が1/3以下なら、ビールも含めて軽減税率が適用されますか。

Q73　ファストフード店のおもちゃ付き子供セット …… 92
ハンバーガーとドリンクにおもちゃを付けた子供セットは、一体資産ですか。

Q74　ファストフード店のおもちゃ付き子供セットの税率 …… 94
ファストフード店のおもちゃ付き子供セットの税率は、どうなりますか。

Q75　食品とプリペイドカードのセット商品 …… 95
食品とプリペイドカードのセット商品は、一体資産ですか。

Q76　一括譲渡の税率 …… 96
一括譲渡をした場合の税率は、どうなりますか。

Q77　一括譲渡に割引券を利用した場合 …… 97
一括譲渡にあたり、割引券やポイントを利用した場合、軽減対象資産又はそれ以外のどちらを値引きしたことになりますか。

Q78　飲食料品の輸入 …… 98
飲食料品の輸入には軽減税率が適用されますか。

Q79　輸入に係る消費税の計算 …… 99
輸入の消費税に複数の税率があると、仕入税額控除の事務負担が増加しますか。

Q80 新聞の税率、電子版の税率 …………………………………………… 100
新聞の譲渡は、全て軽減税率ですか。

Q81 学術書、研究書等 ………………………………………………………… 101
学術書や研究書など、教育又は研究に必要な書籍の税率はどうなりますか。

第3章　区分記載請求書等保存方式
―令和元年10月1日から令和5年9月30日までの仕入税額控除―

Q82 仕入税額控除の要件 …………………………………………………… 104
複数税率下の仕入税額控除の要件はどうなっていますか。

Q83 区分記載請求書等の記載事項 ………………………………………… 105
区分記載請求書等の記載事項について説明してください。

Q84 区分記載請求書の具体例① …………………………………………… 106
請求書等に記載することが追加された「軽減対象資産の譲渡等にはその旨」の具体的な記載方法を教えてください。

Q85 区分記載請求書の具体例② …………………………………………… 107
軽減税率の対象となる商品とそれ以外の商品とを区分して表示する請求書とは、具体的にどのようなものですか。

Q86 区分記載請求書の具体例③ …………………………………………… 108
税率ごとに請求書を分けて作成する場合の具体例を示してください。

Q87 多数の商品を登録できないレジである場合 ………………………… 109
多数の商品を登録できないレジは、買い替える必要がありますか。

Q88 区分記載されていない請求書等を受け取った場合 ………………… 110
区分記載請求書等保存方式では、請求書等には、区分記載がされていなければならないとのことですが、区分記載していない請求書を受け取った場合は、再発行を求めなければなりませんか。

Q89 仕入明細書を請求書等として保存している場合 …………………… 111
仕入先から請求書等を受け取らず、自ら作成した仕入明細書を保存することにより仕入税額控除の適用を受けることができますか。

Q90 3万円未満の課税仕入れ ……………………………………………… 112
3万円未満の取引についても、区分記載請求書等の保存が必要ですか。

Q91 3万円以上の課税仕入れ ………………………………………………… 113
3万円以上の課税仕入れについては、必ず区分記載請求書の保存が必要ですか。

Q92 免税事業者からの課税仕入れ ………………………………………… 114
免税事業者からの課税仕入れについて、仕入税額控除ができますか。

Q93 軽減税率の適用がある場合の売上税額の計算 ……………………… 115
軽減税率の売上げと標準税率の売上げがある場合、売上税額はどのような計算になるのですか。

Q94 売上税額の計算の具体例 ………………………………………………… 116
売上税額の具体的な計算を教えてください。

Q95 軽減税率の適用がある場合の仕入税額の計算 ……………………… 117
軽減税率の仕入れと標準税率の仕入れがある場合、仕入税額はどのような計算になるのですか。

Q96 仕入税額の計算の具体例（全額控除）……………………………… 118
全額控除が適用される場合の、仕入税額の具体的な計算を教えてください。

Q97 仕入税額の計算の具体例（一括比例配分方式）…………………… 119
一括比例配分方式が適用される場合の、仕入税額の具体的な計算を教えてください。

Q98 仕入税額の計算の具体例（個別対応方式）………………………… 120
個別対応方式が適用される場合の、仕入税額の具体的な計算を教えてください。

Q99 区分記載請求書等保存方式の留意点 ………………………………… 121
区分記載請求書等保存方式において、特に注意するべき点を簡潔に示してください。

Q100 ポイントサービス ………………………………………………………… 122
販売促進ツールとしてのポイントについて説明してください。

Q101 自己発行ポイントの付与 ……………………………………………… 123
自己発行ポイントを付与した場合の消費税の課税関係はどうなりますか。

Q102 自己発行ポイントの使用（還元）…………………………………… 125
客が自己発行ポイントを使用した場合の消費税の課税関係はどうなりますか。

Q103 共通ポイントプログラム ……………………………………………… 128
共通ポイントプログラムに加盟した場合のポイントの課税関係はどうなりますか。

Q104 異なる税率の一括譲渡にポイントを利用した場合 …………………… 132
飲食料品と飲食料品以外の一括譲渡について利用するポイントは、どちらの値引きになりますか。

Q105 キャッシュレス・消費者還元事業 ……………………………………… 134
キャッシュレス・消費者還元事業について説明してください。

Q106 クレジット手数料、電子マネーの入金手数料 ………………………… 137
キャッシュレス決済をする場合のクレジット手数料や電子マネーの入金手数料は課税仕入れですか。消費者還元事業による補助を受けた場合は課税仕入れの減額ですか。

Q107 キャッシュレス・消費者還元事業のポイント還元 …………………… 139
キャッシュレス・消費者還元事業によるポイント還元の消費税の課税関係はどうなりますか。

第4章 税額の計算の特例
―区分記載請求書等保存方式における中小事業者の申告書作成時の特例―

Q108 税額計算の特例 …………………………………………………………… 144
税額計算の特例は、どうして設けられたのですか。

Q109 売上税額の計算の特例の概要 …………………………………………… 145
売上税額の計算の特例について、その概要を説明してください。

Q110 10日間特例の計算方法 …………………………………………………… 147
10日間特例（軽減売上割合の特例）の計算方法について、説明してください。

Q111 10日間特例による計算の具体例 ………………………………………… 148
10日間特例は、具体的にどのような計算になりますか。

Q112 通常の事業を行う連続する10営業日 …………………………………… 149
「軽減売上割合」を計算するうえで、「通常の事業を行う連続する10営業日」とは、どのように考えればよいのでしょうか。

Q113 複数の軽減売上割合からの有利選択 ……………………………………… 150
10日間特例を適用する場合において、軽減売上割合を複数計算したときは、そのうち有利な割合を適用してもいいのでしょうか。

Q114 申告期限までの10営業日における割合 ……………………………… 151
その課税期間の売上げを税率が異なるごとに区分することができなければ、申告期限までの「通常の事業を行う連続する10営業日」の売上げを区分し、軽減売上割合とすることができるでしょうか。

Q115 50％特例の要件 ……………………………………………………………… 152
50％特例を適用することができる「主として軽減対象資産の譲渡等を行う事業者」とは、どのような事業者をいうのですか。

Q116 売上げの卸小売特例の計算方法 ……………………………………… 153
売上げの卸小売特例（小売等軽減仕入割合の特例）による計算方法について、説明してください。

Q117 売上げの卸小売特例による計算の具体例① ……………………… 154
卸売業のみを行う法人です。売上げの卸小売特例を適用すると、具体的にどのような計算になりますか。

Q118 売上げの卸小売特例による計算の具体例② ……………………… 155
小売業及び不動産賃貸業を行う法人です。小売業において販売する商品には食品と食品以外があることから、売上げの卸小売特例を適用したいと考えています。具体的にどのような計算になりますか。

Q119 10日間特例と売上げの卸小売特例の競合 ………………………… 157
複数の事業を行っている場合、同じ課税期間において、事業ごとに10日間特例と売上げの卸小売特例とをそれぞれ適用することができますか。

Q120 売上対価の返還等の税率、貸倒れの税率 ………………………… 158
売上税額の計算の特例を受けた課税資産の譲渡等につき、対価の返還等を行った場合の税率はどうなりますか。

Q121 仕入税額の計算の特例の概要 ………………………………………… 159
仕入税額の計算の特例について、その概要を説明してください。

Q122 仕入れの卸小売特例の計算方法 ……………………………………… 161
仕入れの卸小売特例（小売等軽減売上割合の特例）の計算方法について説明してください。

Q123 仕入れの卸小売特例による計算の具体例（全額控除）……………… 162
食品及び雑貨の小売業を行う法人において全額控除で仕入れの卸小売特例を適用した場合の具体的な計算はどのようになりますか。

Q124 仕入れの卸小売特例による計算の具体例（一括比例配分方式）…… 163
小売業及び不動産賃貸業を行う法人であり、一括比例配分方式を適用しています。販売する商品には食品と食品以外があることから、仕入れの卸小売特例を適用したいと考えています。具体的にどのような計算になりますか。

Q125 仕入れの卸小売特例の計算の具体例（個別対応方式）……………… 164
卸売業及び不動産賃貸業を行う法人であり、個別対応方式を適用しています。卸売業つき、仕入れの卸小売特例を適用すると、具体的にどのような計算になりますか。

Q126 仕入れに10日間特例はない ……………………………………………… 165
仕入税額の特例には、売上げ税額に係る10日間特例に相当する特例はないのですか。

Q127 売上税額の計算の特例と仕入税額の計算の特例の適用関係 ………… 166
売上税額の計算の特例と仕入税額の計算の特例は、併用できますか。

Q128 売上げに10日間特例、仕入れに卸小売特例を適用する場合の計算の具体例 ……………………………………………………………………… 168
卸売業及び不動産賃貸業を行う法人であり、個別対応方式を適用しています。売上げの10日間特例と仕入れの卸小売特例を併用する場合、具体的にどのような計算になりますか。

Q129 仕入れの卸小売特例を適用した場合に保存する請求書等 …………… 170
仕入れの卸小売特例を適用した場合、区分記載請求書等の保存は必要ですか。

Q130 簡易課税制度の概要 ……………………………………………………… 171
簡易課税制度の概要について説明してください。

Q131 簡易課税制度の届出特例 ………………………………………………… 172
簡易課税制度の届出特例について説明してください。

Q132 簡易課税制度の2年間継続適用 ………………………………………… 173
簡易課税制度を選択すると、2年間継続して適用しなければならないそうですが、その仕組みを教えてください。

Q133 届出特例の適用時期と2年間継続適用 ………………………………… 174
簡易課税制度の届出特例を利用して簡易課税制度を適用した場合において、その翌課税期間に税率ごとの区分ができることとなったときは、簡易課税制度は1年でやめることができますか。

Q134 課税期間の中途における簡易課税制度の適用開始 ……………… 175
6月末決算法人です。簡易課税制度の届出特例を適用すれば、課税期間のうち、令和元年9月30日までは一般課税、令和元年10月1日以後は簡易課税制度適用とすることができますか。

Q135 高額特定資産の仕入れ等をした場合 ……………………………… 176
高額特例資産の仕入れ等をした場合には簡易課税制度の適用が制限されます。一般課税で申告する3月末決算法人が、平成30年5月に5,000万円の店舗建物を仕入れた場合、軽減税率の導入があっても簡易課税制度を適用することはできませんか。

Q136 「困難な事情」と「著しく困難な事情」………………………… 178
売上税額の計算の特例等における「困難な事情があるとき」という要件と、簡易課税制度の適用制限を解除する取扱いにおける「著しく困難な事情があるとき」という要件とは異なるものでしょうか。

Q137 簡易課税制度への影響 …………………………………………… 180
簡易課税制度を適用している事業者は実際の課税仕入れを集計する必要がないので、仕入れについて複数税率化の影響はないと考えてよろしいですか。

Q138 飲食料品の譲渡を行う農林水産業のみなし仕入率 …………… 181
飲食料品の譲渡を行う事業者が簡易課税制度を適用していると不利になるとのことですが、何か手当されているのですか。

第5章 適格請求書等保存方式

Q139 インボイス制度の導入 …………………………………………… 184
インボイス制度は、導入されるのですか。

Q140 適格請求書発行事業者登録制度 ………………………………… 186
適格請求書発行事業者登録制度とは、どのような制度ですか。

Q141 登録の申請開始 …………………………………………………… 188
適格請求書等保存方式がスタートする令和5年10月1日から適格請求書発行事業者になるためには、いつ、申請手続きをすればいいのですか。

Q142 登録の通知が届くまでに発行する請求書 ……………………… 189
登録の通知を受け取っていない場合、適格請求書等は発行することができますか。

Q143 新設法人の登録・新たに課税事業者となる場合の登録 ……………… 190
新たに設立した法人が設立の日から登録する場合は、いつまでに申請するのですか。

Q144 免税事業者が登録したいとき ………………………………………… 191
免税事業者が登録をしたいときはどうすればいいのですか。

Q145 登録事業者が免税事業者になりたいとき …………………………… 192
登録事業者が、基準期間における課税売上高及び特定期間における課税売上高が1,000万円以下である課税期間について免税事業者になりたいときは、どうすればいいのですか。

Q146 適格請求書等の交付と保存の義務 …………………………………… 193
適格請求書発行事業者は、適格請求書等を交付する義務があるのですか。

Q147 適格請求書等の交付義務が免除されるもの ………………………… 194
どのような場合に、適格請求書等の交付義務が免除されるのですか。

Q148 適格請求書の様式と記載事項 ………………………………………… 195
適格請求書には、定まった様式があるのですか。

Q149 記載する消費税額等の計算方法 ……………………………………… 196
適格請求書に記載する消費税額等は、どのように計算するのですか。

Q150 適格請求書の具体例 …………………………………………………… 197
適格請求書の具体例を示してください。

Q151 適格簡易請求書の交付 ………………………………………………… 198
適格簡易請求書は、どのような事業者に認められますか。また、どの記載事項を省略することができますか。

Q152 適格簡易請求書の具体例 ……………………………………………… 199
適格簡易請求書の具体例を示してください。

Q153 適格返還請求書の記載事項 …………………………………………… 200
適格返還請求書の記載事項を教えてください。

Q154 適格返還請求書の具体例 ……………………………………………… 201
適格返還請求書の具体例を示してください。

Q155 適格請求書等の記載事項に誤りがあった場合 ……………………… 202
適格請求書等の記載を誤った場合は、どうすればよいのでしょうか。

Q156 委託販売である場合 ……………………………………………… 203
委託販売の委託者は、購入者に直接、適格請求書等を交付することができません。何か特別の取扱いはありますか。

Q157 任意組合が交付する適格請求書等 ……………………………… 205
任意組合で共同事業を行う場合、適格請求書等を交付することができますか。

Q158 適格請求書類似書類等の発行禁止 ……………………………… 206
適格請求書発行事業者でない者が適格請求書等を発行した場合、どうなりますか。

Q159 仕入税額控除の要件 ……………………………………………… 207
適格請求書等保存方式では、適格請求書等の保存があれば、帳簿の保存がなくても仕入税額控除を適用することができますか。

Q160 適格請求書等の保存を要しない場合 …………………………… 209
どのような場合に、適格請求書等の保存がなくても仕入税額控除が認められるのですか。

Q161 電子インボイスの保存方法 ……………………………………… 211
電子インボイスを受け取った場合の保存の方法を教えてください。

Q162 仕入明細書を保存する場合 ……………………………………… 212
仕入明細書を保存する場合の相手方への確認方法について説明してください。

Q163 立替払いである場合 ……………………………………………… 213
代表となる事業者が立替払いをして清算する場合でも、仕入税額控除は認められますか。

Q164 任意組合の構成員が保存する書類 ……………………………… 214
任意組合で共同事業として課税仕入れがある場合、各構成員が適格請求書等の原本を保存するのですか。

Q165 口座振替の家賃 …………………………………………………… 215
家賃を口座振替で支払っている場合は、何を保存すればよいのでしょうか。

Q166 消費税額の計算方法 ……………………………………………… 216
仕入税額は受け取った適格請求書に記載された税額をひたすら足し算して算出するのですか。

Q167 免税事業者からの仕入れに係る経過措置 ……………………… 218
仕入先が免税事業者である場合の仕入税額控除の特例措置について説明してください。

第6章 事業者の対応
―転嫁対策特別措置法と複数税率下の価格設定―

Q168 転嫁対策特別措置法の規制と緩和 …………………………………… 220
消費税率引上げに際しては、転嫁対策特別措置法に注意しなければならないとのことですが、具体的にどのような規制があるのですか。

Q169 対消費者取引（BtoC）と事業者間取引（BtoB）の価格設定 ……… 223
対消費者取引（BtoC）と事業者間取引（BtoB）とでは、価格についてどのような留意点がありますか。

Q170 価格設定のガイドライン ………………………………………………… 224
価格設定のガイドラインとは、どのようなものですか。

Q171 持帰りと店内飲食の価格設定 …………………………………………… 226
飲食料品の持帰りと店内飲食の両方を提供する事業者は、商品価格の設定をどのように考えればよいのでしょうか。

Q172 価格の表示（本体価格に税率ごとの税額相当額を乗せる方法）…… 229
飲食料品の持帰りと店内飲食の両方を提供する事業者が本体価格による値決めをする場合の商品価格の表示方法について、具体例を示して説明してください。

Q173 価格の表示（税込価格を一律にする方法）…………………………… 231
飲食料品の持帰りと店内飲食の両方を提供する事業者が税込価格を一律にする場合の価格表示について、具体例を示して説明してください。

Q174 飲食料品の譲渡を行う事業者の税率の判断 …………………………… 232
飲食料品の譲渡を行う事業者は、税率の判断についてどのような点に注意が必要ですか。

Q175 飲食料品の譲渡を行う事業者の業務フロー …………………………… 234
飲食料品の譲渡を行う事業者の業務フローは、どうなっていますか。

Q176 飲食料品の譲渡を行わない事業者の業務フロー ……………………… 235
飲食料品の譲渡を行わない事業者には、軽減税率の影響はないと考えてよろしいですか。

コラム　目次

第1章　消費税の概要
帳簿方式の選択　5　／　与党大綱と政府大綱　7

第2章　軽減税率の対象
「飲食」は「譲渡」ではなく「役務の提供」　26

レジ前のお菓子の販売　57　／　なぜ外食を除くのか　61

イートイン脱税　66　／　一体資産のルーツはグリコのキャラメル　89

第4章　税額の計算の特例
税額計算の特例の名称　146

税額計算の特例は救済措置として妥当か　151

第5章　適格請求書等保存方式
適格請求書等は小切手の役割　184　／　義務が伴う事業者登録　188

事業者登録制度は平成27年から存在していた　189

適格請求書等は免税事業者であることを告白する制度　193

電子インボイスの範囲の拡大　196

適格請求書発行事業者とそれ以外の事業者の共有資産の譲渡等　204

第6章　事業者の対応
便乗値上げは、いけません？　231

凡例

本書において、各法令の条文を引用する場合は、以下のように略しています。

税制抜本改革法	社会保障の安定財源の確保等を図る税制の抜本的な改革を行うための消費税法の一部を改正する等の法律（平成24年法律第68号）
税制抜本改革法改正法	税制抜本改革法の一部を改正する法律（平成28年法律第85号）
平26改令	消費税法施行令の一部を改正する政令（平成26年政令第317号）
平28改法	所得税法等の一部を改正する法律（平成28年法律第15号）
平28改令	消費税法施行令等の一部を改正する政令（平成28年政令第148号）
平29改法	所得税法等の一部を改正する等の法律（平成29年法律第4号）
平29改令	消費税法施行令の一部を改正する政令（平成29年政令第109号）
平30改法	所得税法等の一部を改正する法律（平成30年法律第7号）
平30改令	消費税法施行令等の一部を改正する政令（平成30年政令第135号）
消法	消費税法
消令	消費税法施行令
消規	消費税法施行規則
新消法	平28改法及び平30改法による改正後の消費税法
新消令	平30年改令による改正後の消費税法施行令
消基通	消費税法基本通達
平31経過措置通達	消費税率等に関する経過措置の取扱いについて（平成30年11月2日）
軽減通達	消費税の軽減税率制度に関する取扱通達（平成28年4月12日）
Q＆A制度概要編	消費税の軽減税率制度に関するQ＆A（制度概要編）（平成28年4月、令和元年7月改訂、国税庁）
Q＆A個別事例編	消費税の軽減税率制度に関するQ＆A（個別事例編）（平成28年4月、令和元年7月改訂、国税庁）
インボイス通達	消費税の仕入税額控除制度における適格請求書等保存方式に関する取扱通達（平成30年6月6日）
インボイスQ＆A	消費税の仕入税額控除制度における適格請求書等保存方式に関するQ＆A（平成30年6月、令和元年7月改訂、国税庁）
平28与党大綱	平成28年度税制改正大綱（自由民主党・公明党）
外食産業の価格表示	消費税の軽減税率制度の実施に伴う価格表示について（平成30年5月18日、消費者庁、財務省、経済産業省、中小企業庁）

（引用例）
消法33①二 ………… 消費税法第33条第1項第2号
消基通1－1－1 …… 消費税法基本通達第1章第2節の1－1－1

※本書の内容は、令和2年2月1日現在の法令等によっています。

装丁・デザイン●東　雅之

第1章

消費税の概要

Question 1

消費税の趣旨

消費税は、どのような趣旨で設けられているのですか。

Answer

1 消費税は一般間接税

消費税は、「消費に対して広く薄く負担を求める」ことを目的に、消費者が負担した税を事業者が申告納税をすることを予定して設計された一般消費税です。

したがって、その課税は、全ての消費支出に及ぶものとするのが基本原則です。物やサービスを消費する（買う）力があるのであれば、その消費にあわせて税を負担してもらおう、というものです。

2 物品税から消費税へ

消費税法は、所得課税の軽減と課税ベースの広い間接税の導入を柱とする税制改革関連6法案の1つとして、昭和63年12月24日に可決成立し、同月30日に公布されました。消費税の基本構造は、同時に成立した税制改革法において明らかにされています。

「消費税は、事業者による商品の販売、役務の提供等の各段階において課税し、経済に対する中立性を確保するため、課税の累積を排除する方式による…。事業者は、消費に広く薄く負担を求めるという消費税の性格にかんがみ、消費税を円滑かつ適正に転嫁するものとする。」（税制改革法10②、11）というものです。

それまでの間接税は、物品税を中心としていました。物品税は、その名のとおり、物品に課税するものであり、サービスには課税しません。課税物品表に掲げられた物品に課税する「掲名主義」をとっており、物品によって10段階の税率が定められていました。このような掲名主義をとる物品税は、国民の消費態様が急激に変化し、多様化、大量化、サービス化する中、課税対象を選択し、それぞれに適切な税率を設定することが難しく、間接税における公平性、中立性が確保されていないと指摘され、税収も低迷していました。

消費税は、このような物品税を中心とした課税ベースを限定する個別間接税制度における諸問題を、根本的に解決するものとして創設されました。

消費の種類に関係なく取引価額に一律の課税をする消費税は、経済に対して中立であり、課税庁の徴税費及び納税者の納税事務コストの少ない簡素なしくみを実現します。また、一律に課税するがゆえの逆進性は、所得税による累進課税や社会保障がカバーします。

Question2

消費税の基本構造

消費税は、どのようなしくみになっているのですか。

Answer

1 消費税の負担者と納税義務者

消費税は、消費者が行う最終消費に負担を求める税です。

ただし、消費税の納税義務者は事業者であり、税の負担者と納税義務者が一致しないことを予定する間接税として設計されています。そのため、課税物件である「消費」は、納税義務者である事業者の立場から「資産の譲渡等」と定義されています。

2 税負担の転嫁のしくみ

事業者は、売上げに係る消費税額から前段階で課税された仕入れに係る消費税額を控除して納付すべき消費税額を算出するものとされています。

課税資産の譲渡等を行った事業者は、価格に上乗せして受け取った消費税を納付します。その相手方である課税仕入れを行った事業者は、支払った消費税を控除して納付すべき消費税額を計算します。この納税と控除が繰り返され、控除を行うことがない最終消費者にまで税の負担が転嫁される仕組みです。

◆ 税率（消費税及び地方消費税）が10％である場合の納税と負担　　（単位：円）

	原材料製造業者（生産業者）	完成品製造業者	卸売業者	小売業者	消費者
取引	売上げ 20,000 消費税① 2,000	売上げ 50,000 消費税② 5,000 仕入れ 20,000 消費税① 2,000	売上げ 70,000 消費税③ 7,000 仕入れ 50,000 消費税② 5,000	売上げ 100,000 消費税④ 10,000 仕入れ 70,000 消費税③ 7,000	支払総額 110,000 消費者が負担した消費税 10,000 各事業者が個別に納付した消費税 A＋B＋C＋D の合計10,000
消費税	納付税額A ① 2,000 ↓ 申告・納付	納付税額B ②－① 3,000 ↓ 申告・納付	納付税額C ③－② 2,000 ↓ 申告・納付	納付税額D ④－③ 3,000 ↓ 申告・納付	

前段階の税額を控除する仕組みを「仕入税額控除」といいます。

Question3
仕入税額控除の要件

消費税の仕入税額控除は、どのようなしくみになっているのですか。

Answer

1 諸外国の制度

諸外国の付加価値税においては、課税事業者がその取引について課税された税額を記載して発行するタックス・インボイスの保存を仕入税額控除の要件とするインボイス方式が採用されています。タックス・インボイスは、取引において事業者がどれだけの付加価値税を受け渡したかを正確に把握する手段であり、控除対象仕入税額は、前段階の事業者が納税した金額の範囲内で計算されることとなります。

インボイス方式は、複数税率制度をとる場合に必要になると考えられがちですが、前段階の事業者が納税している事実を仕入税額控除の要件とする（免税事業者からの仕入れを控除の対象としない）仕組みであり、単一税率制度である国においても採用されています。

2 帳簿方式（創設時～平成9年3月）

我が国消費税の創設にあたっては、「帳簿方式」が採用されました。帳簿方式は、仕入れの事実を記載した帳簿、又は、取引の事実を記載した請求書等の保存を仕入税額控除の要件とするものです。仕入れを行う事業者においては、請求書等の保存がなくても、帳簿の保存があれば仕入税額控除が可能であるため、課税資産の譲渡等を行う事業者には請求書等を発行する義務がありません。

3 請求書等保存方式（平成9年4月～令和元年9月）

ところが、消費税が実施されると、自分で作成した帳簿をもとに仕入税額控除を行う仕組みは、制度の透明性の観点から問題があると指摘されるようになりました。

そこで、帳簿方式は、平成6年度の税制改正において、帳簿の保存に加え、前段階の事業者が発行した請求書等の客観的な証拠書類の保存を要件とする「請求書等保存方式」に改められ、平成9年4月から実施されました。大部分の事業者間取引において請求書等が交わされ保存されているという取引の実態があり、事業者に多くの負担を要求することなく制度の透明性を高める方法として、「請求書等保存方式」が妥当であると評価されたのです。改正は、消費税法30条7項の規定を「帳簿又は請求書等の保存」から「帳簿及び請求書等の保存」とすることで控除要件を厳格化するものであり、この改正においても、課

税資産の譲渡等を行う事業者に請求書等を発行する義務は設けられませんでした。
　したがって、請求書等保存方式は、課税資産の譲渡等を行う事業者には請求書等の発行の義務がないのに、他方で、仕入れをした事業者には、その交付を受けて保存することを要求するという制度的な矛盾があると指摘することができます。

4 区分記載請求書等保存方式（令和元年10月～令和5年9月）

　複数税率制度への移行に伴い、「適格請求書等保存方式」（日本型インボイス制度）の導入が予定されています。ただし、「当面は、執行可能性に配慮し、簡素な方法によることとする。」（平28与党大綱12ページ）とされ、令和元年10月1日（軽減税率導入時）から4年間は、「区分記載請求書等保存方式」によって税率の区分経理に対応しています。
　区分記載請求書等保存方式とは、請求書等保存方式の仕組みを維持した上で、複数の税率に対応するため、軽減税率が適用される課税仕入れについて帳簿及び請求書等の記載事項の追加をするものです。

5 適格請求書等保存方式（令和5年10月以後）

　「適格請求書等保存方式」は、「適格請求書発行事業者登録制度」（いわゆる事業者登録制度）を基礎としています。3万円未満の公共交通料金等「適格請求書等の保存を要しない取引」に該当するものを除き、「適格請求書発行事業者」から交付を受けた登録番号の記載のある「適格請求書」、「適格簡易請求書」又は「これらの書類の記載事項に係る電磁的記録（いわゆる電子インボイス）」のいずれかの保存及び帳簿の保存が、仕入税額控除の要件です（新消法30①⑦、57の4①）。したがって、免税事業者や消費者からの課税仕入れは、原則として、仕入税額控除の対象となりません。
　適格請求書発行事業者には、適格請求書等の交付及び写しの保存の義務があります（新消法57の4①⑤）。

> **コラム【帳簿方式の選択】**
> 　消費税創設時の帳簿方式の採用には、昭和62年の売上税法案の廃案が大きく影響しているものと思われます。売上税法案では、仕入税額控除は、仕入先から交付を受けた税額票の保存を要件に税額票に記載された税額について行うこととされていました。この税額票が、「事務を煩雑にし、納税コストを高める」という批判の的になったのです。そこで、消費税の仕入税額控除は、「我が国における取引慣行及び納税者の事務負担に極力配慮したものとする」（税制改革法10②）とされ、帳簿の記録に基づき納付すべき税額を計算する帳簿方式が採用されました。
> 　シャウプ税制以後定着した青色申告制度による記帳水準の高さが、他国に類を見ない制度を導入する決断を誘掖（ゆうえき）したとみることもできるでしょう。

第1章　消費税の概要　5

Question4

消費税の税率

消費税の税率について説明してください。

Answer

1 比例税率と累進税率

税額を算出するために課税標準に対して適用される比率を、税率といいます。

税率には、累進税率と比例税率とがあります。

累進税率は、金額又は価額の増加に応じて累進して定められる税率であり、所得税に代表されるように、納税義務者の担税力を直接の基準とする税において採用されています。

比例税率は、課税標準の大きさに関係なく一定割合の税率を適用するものであり、税の負担者の担税力を直接の基準としない税に適しています。

消費税は、税の負担者は消費者、納税義務者は事業者であることを予定する間接税であり、税の負担者の担税力に応じた課税ということができません。したがって、創設以来、比例税率を採用してきました。

2 単一税率制度と複数税率制度

全ての取引に対して同じ税率を適用する制度を、単一税率制度といいます。他方、複数税率制度は、複数の税率をもち、取引の形態や種類によって異なる税率を適用する制度です。消費税は、令和元年10月1日に単一税率制度から複数税率制度へ移行しました。

3 「軽減税率制度」という名称

複数の税率が存在する場合、基準となる税率を「標準税率」又は「普通税率」といい、これに対し低く設定された税率を「軽減税率」、高く設定された税率を「割増税率」といいます。「軽減」や「割増」という語は、基本となるものに比較した状態を表すものです。

したがって、「制度」を指す場合には、単一の税率しかない制度を「単一税率制度」と呼ぶのに対して、軽減税率や割増税率をもつ制度は「複数税率制度」と呼ぶのが通常であると考えられます。

しかし、平成28年度税制改正の与党大綱及び政府大綱では制度案として「軽減税率制度」という用語が使用され、平成28年度の所得税法等の一部を改正する法律においても「軽減税率制度」という用語が使用されています。これは、平成28年度税制改正において法制化された制度に「軽減税率制度」という名称が付けられていると理解するべきでしょ

う。

　以下では、法令における名称に従い「軽減税率制度」という名称を使用するほか、必要に応じて「複数税率制度」という用語を使用しています。

4 軽減税率の消費税法上の位置付け

　軽減税率は、令和元年10月の導入から適格請求書等保存方式へ移行する令和5年9月までの4年間は、改正法の附則において経過措置として位置付けられています。

　令和5年10月1日、適格請求書等保存方式へ移行するタイミングで、消費税法の本法規定となります。

　附則において「31年軽減対象資産の譲渡等」と規定されている軽減税率の対象は、令和5年10月1日以後は、「軽減対象課税資産の譲渡等」として別表第一に掲げられることとなり（新消法2①九の二）、「軽減対象課税貨物」は、別表第一の二に記載されます（新消法2①十一の二）。

　これにより、現行の非課税資産の譲渡等の範囲である別表第一は別表第二に、非課税貨物の範囲である別表第二は別表二の二に、それぞれ改められます。

> **コラム【与党大綱と政府大綱】**
>
> 　「平成28年度税制改正大綱」（与党大綱）は、平成27年12月16日に、自由民主党と公明党が公表したものです。「第一　平成28年度の税制改正の基本的考え方」「第二　平成28年度税制改正の具体的内容」「第三　検討事項」の三部からなっています。
>
> 　このうち第二の部分を取り出し、「平成28年度の税制改正（内国税関係）による増減収見込額」等を加えたものが「平成28年度の税制改正の大綱」（政府大綱）です。政府大綱は、平成27年12月24日に閣議決定されました。

Question5

消費税の税率の沿革

消費税の税率の沿革を教えてください。

Answer

1 消費税及び地方消費税の創設

消費税の税率は、「消費に広く薄く負担を求める税」(税制改革法10①)という理念に沿って、創設当時は3％とされていました。

平成6年の改正により、地方消費税が創設され、平成9年4月1日以後の税率は、国税である消費税が4％、地方消費税が1％（国税である消費税を課税標準として、その25％）、合計税率5％となりました。

消費税は、増加の一途を辿る社会保障給付費を賄う安定財源として期待され、その税率引上げは、常に時の政権の重要課題となりました。

2 税制抜本改革

「社会保障・税一体改革大綱（平成24年2月17日閣議決定）」においては、「消費税は、高い財源調達力を有し、税収が経済の動向や人口構成の変化に左右されにくく安定していることに加え、勤労世代など特定の者へ負担が集中せず、経済活動に与える歪みが小さいという特徴を持っている。社会保険料など勤労世代の負担が既に年々高まりつつある中で、こうした特徴を持ち、幅広い国民が負担する消費税は、高齢化社会における社会保障の安定財源としてふさわしいと考えられる」とされ、税制抜本改革法により、平成26年4月1日以後の税率は8％（うち、地方消費税1.7％）に引き上げられ、消費税法1条に、社会保障4経費（年金、医療、介護、子育て）のための特定財源であることが明記されました。

また、税制抜本改革法は、平成27年10月1日以後の税率は10％（うち、地方消費税2.2％）と定めていましたが、平成27年度税制改正においてその実施時期が平成29年4月1日に延期され、さらに、2年半延期する法律が、平成28年11月18日に成立しました。

3 軽減税率の導入

消費税創設当時、普通乗用車の譲渡については6％の税率が適用されていましたが、平成4年4月1日以後は4.5％に引き下げられ、平成6年3月31日をもってこの割増税率は廃止されました。以後、消費税は、完全な単一税率制度となっており、税制調査会の答申

は、これまで一貫して、消費税は単一税率を維持すべきであるとしてきました。

　しかし、平成28年3月29日に成立した「所得税法等の一部を改正する法律」（平成28年法律第15号）には、平成29年4月1日に、①飲食料品の譲渡、②定期購読契約に基づく新聞の譲渡、③飲食料品の輸入を対象に、8％（消費税6.24％及び地方消費税1.76％）の軽減税率を導入することが定められました（平28改法附則34①）。

　その後、税率引上げ時期の延期に伴い、軽減税率の導入も2年半延期されました（税制抜本改革法改正法2）。

適用期間		税率		
		合計	消費税	地方消費税
平成元年4月1日～平成9年3月31日		3％	3％	—
平成9年4月1日～平成26年3月31日		5％	4％	1％ （4％× $\frac{25}{100}$ ＝1％）
平成26年4月1日～令和元年9月30日		8％	6.3％	1.7％ （6.3％× $\frac{17}{63}$ ＝1.7％）
令和元年10月1日以後	飲食料品と新聞	8％	6.24％	1.76％ （6.24％× $\frac{22}{78}$ ＝1.76％）
	上記以外	10％	7.8％	2.2％ （7.8％× $\frac{22}{78}$ ＝2.2％）

4　税率の経過措置

　税率の引上げにあたっては、新税率の施行日の前後に区分することが難しい取引やその態様から調整を必要とする取引について、新税率の施行日以後もなお旧税率を適用する経過措置が設けられています。

Question6

旧税率8％と軽減税率8％の区別が必要

軽減税率8％は、令和元年9月30日までの税率がそのまま残ったということですか。

Answer

　令和元年9月30日までの税率は8％であり、令和元年10月1日から始まった軽減税率も8％です。これは、10％への税率引上げに際して、飲食料品の譲渡の税率を据えおく措置であるといえるでしょう。

　ただし、国税部分の税率についてみてみると、令和元年9月30日までは6.3％であるのに対し、軽減税率は6.24％です。令和元年10月1日以後は、国税と地方税の比率は、その合計税率が10％である場合、8％である場合のいずれにおいても78：22となるからです。

　国税6.3％、地方税1.7％の合計税率8％は令和元年9月30日で廃止され、10月1日以後新しい税率としての軽減税率が施行されたということです。事業者は、両者を区別して管理しなければなりません。

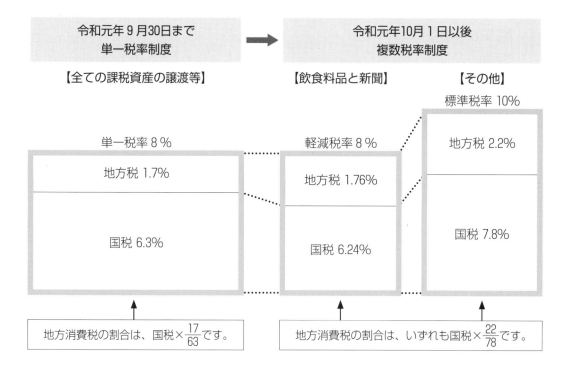

Question7

軽減税率導入の理由

軽減税率は、なぜ導入されたのですか。

Answer

　税制抜本改革法7条1号は、5％の税率を引き上げるに当たっては、「低所得者に配慮する観点」から、①「総合合算制度」及び「給付付き税額控除制度」、又は②「複数税率」の導入を検討することとしています。税率引上げによる負担の増加に耐えられない低所得者を救済する方法は、社会保障も含め、総合的に議論されることになりました。しかし、平成26年12月の政権交代とともに議論は打ち切られ、与党内では、軽減税率の対象の線引きと運用方法の検討が開始されました。

　与党税制協議会が公表した「消費税の軽減税率に関する検討について（平成26年6月5日）」は、消費税の性質として、「逆進性」と「痛税感」とを挙げ、「軽減税率の対象分野は、生活必需品にかかる消費税負担を軽減し、かつ、購入頻度の高さによる痛税感を緩和するとの観点から絞り込むべき」としました。また、平成28年度税制改正大綱（与党大綱）は、「軽減税率制度には、他の施策と異なり、日々の生活において幅広い消費者が消費・利活用しているものに係る消費税負担を軽減するとともに、買い物の都度、痛税感の緩和を実感できるとの利点がある」と説明しています。

　安倍首相は、「日々の生活で幅広い消費者が消費、利活用している商品の消費税の負担を直接軽減することで、消費税の逆進性を緩和しつつ、買い物のつど痛税感の緩和を実感できるとの利点があり、この点が特に重要であるとの判断により導入を決定した」（平成28年3月9日参議院本会議）と述べ、公明党の斎藤鉄夫税制調査会会長は、「痛税感を緩和させて、国民の消費税に対する理解の一層の醸成を図るということが、軽減税率制度導入のメリットとして考えられるのです。」とし、水道等の公共料金を対象としない理由として、「月1回の銀行引き落としといった形式なので痛税感が大きくない」ことを挙げました（斉藤鉄夫「なぜ軽減税率が必要なのか」税務弘報63巻5号（2015））。

　軽減税率導入の理由は、税制抜本改革法に示された「低所得者への配慮」ではなく、「痛税感の緩和」、「逆進性の緩和」及び「幅広い消費者の生活必需品に係る消費税負担の軽減」であるといえます。

　しかし、必ずしも、税率が低い分だけ安く提供されるとは限りません。逆進性緩和の効果は極めて小さく、税率引上げの緩衝材となることが主な目的であるといえるでしょう。

Question8

新旧税率の適用関係

9月30日までに商品の引渡しを行いその売掛金を10月1日以後に回収した場合、新旧税率のいずれを適用することになりますか。

Answer

1 新旧税率の適用関係

10月1日前後に行う取引については、新旧どちらの税率を適用するのかが問題となります。消費税率の引上げを定めた税制抜本改革法の附則2条は、「別段の定めがあるものを除き、新消費税法の規定は、施行日以後に国内において事業者が行う資産の譲渡等……に係る消費税について適用し、施行日前に国内において事業者が行った資産の譲渡等……に係る消費税については、なお従前の例による。」としています。

したがって、適用するべき税率は、旧税率を適用する経過措置の要件を満たす場合は旧税率を、そうでない場合は、その課税資産の譲渡等を行った時期（原則として、譲渡する目的物の引渡しの日）がいつであったかにより判断します。

2 10月1日以後の売掛金の回収

9月30日までに商品の引渡しが完了していれば、その代金を受け取る日が10月1日以後であっても、商品を引き渡した日の税率8％を適用します。

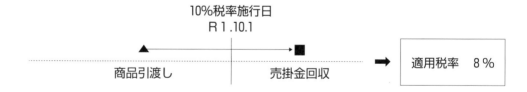

3 9月30日までの前金の受領

9月30日までに前金を受け取っていたとしても、10月1日以後に商品を引き渡した場合には、商品を引き渡した日の税率10％を適用します。

Question9

旧税率を適用する経過措置

旧税率を適用する経過措置について説明してください。

Answer

税率変更に伴う取引価格の改定が困難であると考えられる取引等には、10月1日以後も旧税率8％を適用する経過措置が設けられています。

1 新税率の施行日をまたぐ取引等に係る経過措置

新税率の施行日の前後にまたがって取引が行われるもの（旅客運賃や電気料金など）や施行日前に行われた課税資産の譲渡等を基礎に施行日以後に計算や調整等を行うもの（リース延払基準など）については、旧税率を適用する経過措置が設けられています。

施行日をまたぐ取引等に係る経過措置
・旅客運賃等に関する経過措置（税制抜本改革法附則5①⑦、16）
・電気料金等に関する経過措置（税制抜本改革法附則5②⑦、16）
・特定新聞等に関する経過措置（平26改令附則5②⑥）
・長期割賦販売等に係る資産の譲渡等の時期の特例に関する経過措置（税制抜本改革法附則6、16）
・リース延払基準の方法により経理した場合の長期割賦販売等に係る資産の譲渡等の時期の特例に関する経過措置（平26改令附則6）
・個人事業者の延払条件付譲渡に係る資産の譲渡等の時期の特例に関する経過措置（平26改令附則7）
・リース延払基準に係る資産の譲渡等の時期の特例に関する経過措置（平26改令附則8）
・工事進行基準に係る資産の譲渡等の時期の特例に関する経過措置（税制抜本改革法附則7、16）
・現金主義に係る資産の譲渡等の時期の特例に関する経過措置（税制抜本改革法附則8、16）
・棚卸資産に係る控除対象仕入税額の調整に関する経過措置（税制抜本改革法附則10、16）
・仕入れに係る対価の返還等に関する経過措置（税制抜本改革法附則9）
・売上対価の返還等に関する経過措置（税制抜本改革法附則11）
・貸倒れの税額控除に関する経過措置（税制抜本改革法附則12）
・国等の特例に関する経過措置（税制抜本改革法附則14）

2 指定日を基準とする経過措置

契約の締結等から課税資産の譲渡等を完了するまでに長期間を要し、税率引上げに伴う取引額の変更が困難であると考えられるもの（工事の請負、資産の貸付け、予約販売な

ど）については、指定日の前日（平成31年3月31日）までに契約を締結しているなど、指定日を基準とする所定の要件に該当する場合に旧税率を適用する経過措置が設けられています。

指定日を基準とする経過措置
・工事の請負等に関する経過措置（税制抜本改革法附則5③⑦、16） ・資産の貸付けに関する経過措置（税制抜本改革法附則5④⑦、16） ・指定役務の提供に関する経過措置（税制抜本改革法附則5⑤⑦、16） ・予約販売に係る書籍等に関する経過措置（平26改令附則5①⑥） ・通信販売に関する経過措置（平26改令附則5③⑥） ・有料老人ホームの入居に係る一時金に関する経過措置（平26改令附則5④⑥）

3 経過措置の適用関係

　一般課税により控除対象仕入税額を計算することとしている場合において、その課税期間における課税売上高が5億円以下で、かつ、課税売上割合が95％以上であるときは、課税仕入れ等の税額の全額を控除します（全額控除）。したがって、課税仕入れについて税抜きで値決めを行い、これに消費税を上乗せして支払対価の額を計算する場合には、税率が何％であっても、結局は支払った全ての消費税額を控除することができるので、経過措置の適用を受けるメリットはなく、逆に、新旧の税率の管理が必要となって事務負担が増えるだけです。

　そうすると、できれば、経過措置の適用は受けず、新税率の施行日以後の取引は、一律に新税率を適用したい、と考える向きもあると思われます。

　しかし、税率の経過措置は、事業者の選択により適用するものではなく、その要件に該当すれば、売上げ側も仕入れ側も必ず適用することとされています。

　したがって、経過措置の適用がある取引について、相手方との合意があり、契約書や請求書等に新税率を適用することを明記したとしても、現実に授受する金額は旧税率による税込対価の額となり、課税標準額に対する消費税額及び控除対象仕入税額の計算においては、旧税率によることになります。

Question10

新税率の施行日をまたぐ取引等に係る経過措置

主な経過措置（新税率の施行日をまたぐ取引等に係る経過措置）には、どのようなものがありますか。

Answer

新税率の施行日をまたぐ取引等に係る主な経過措の概要は、次のとおりです。

1 旅客運賃等

令和元年10月1日以後に行う旅客運送の対価や映画・演劇を催す場所、競馬場、競輪場、美術館、遊園地等への入場料金等のうち、平成26年4月1日から令和元年9月30日までの間に領収しているもの

2 電気料金等

継続供給契約に基づき、令和元年10月1日前から継続して供給している電気、ガス、水道、電話、灯油に係る料金等で、令和元年10月1日から令和元年10月31日までの間に料金の支払を受ける権利が確定するもの

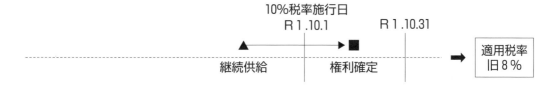

3 特定新聞

　不特定多数の者に週、月その他の一定の期間を周期として定期的に発行される新聞で、発行者が指定する発売日が令和元年10月1日前であるもののうち、その譲渡が令和元年10月1日以後に行われるもの

＊　軽減税率が適用される取引については、本経過措置の適用はありません。

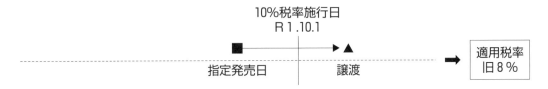

4 家電リサイクル法に規定する再商品化等

　特定家庭用機器再商品化法（家電リサイクル法）に規定する製造業者等が、同法に規定する特定家庭用機器廃棄物の再商品化等に係る対価を令和元年10月1日前に領収している場合（同法の規定に基づき小売業者が領収している場合も含みます。）で、当該対価の領収に係る再商品化等が令和元年10月1日以後に行われるもの

5 リース延払基準

　平成26年4月1日から令和元年9月30日までに行ったリース譲渡につき、延払基準の方法により令和元年10月1日以後に認識する課税資産の譲渡等

Question11

指定日を基準とする経過措置

主な経過措置(指定日を基準とする経過措置)には、どのようなものがありますか。

Answer

指定日を基準とする主な経過措の概要は、次のとおりです。

1 請負工事等

平成25年10月1日から平成31年3月31日までの間に締結した工事(製造を含みます。)に係る請負契約(一定の要件に該当する測量、設計及びソフトウエアの開発等に係る請負契約を含みます。)に基づき、令和元年10月1日以後に課税資産の譲渡等を行う場合における、当該課税資産の譲渡等

2 資産の貸付け

平成25年10月1日から平成31年3月31日までの間に締結した資産の貸付けに係る契約に基づき、令和元年10月1日前から同日以後引き続き貸付けを行っている場合(一定の要件に該当するものに限ります。)における、令和元年10月1日以後に行う当該資産の貸付け

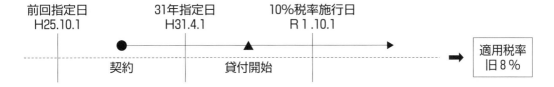

3 冠婚葬祭のための役務の提供

　平成25年10月１日から平成31年３月31日までの間に締結した役務の提供に係る契約で当該契約の性質上役務の提供の時期をあらかじめ定めることができないもので、当該役務の提供に先立って対価の全部又は一部が分割で支払われる契約（割賦販売法に規定する前払式特定取引に係る契約のうち、指定役務の提供＊に係るものをいいます。）に基づき、令和元年10月１日以後に当該役務の提供を行う場合において、当該契約の内容が一定の要件に該当する役務の提供

＊　「指定役務の提供」とは、冠婚葬祭のための施設の提供その他の便益の提供に係る役務の提供をいいます。

4 予約販売に係る書籍等

　平成31年４月１日前に締結した不特定多数の者に対する定期継続供給契約に基づき譲渡する書籍その他の物品に係る対価を令和元年10月１日前に領収している場合で、その譲渡が令和元年10月１日以後に行われるもの

＊　軽減税率が適用される取引については、本経過措置の適用はありません。

5 通信販売

　通信販売の方法により商品を販売する事業者が、平成31年４月１日前にその販売価格等の条件を提示し、又は提示する準備を完了した場合において、令和元年10月１日前に申込みを受け、提示した条件に従って令和元年10月１日以後に行われる商品の販売

＊　軽減税率が適用される取引については、本経過措置の適用はありません。

6 有料老人ホーム

　平成25年10月1日から平成31年3月31日までの間に締結した有料老人ホームに係る終身入居契約（入居期間中の介護料金が入居一時金として支払われるなど一定の要件を満たすものに限ります。）に基づき、令和元年10月1日前から同日以後引き続き介護に係る役務の提供を行っている場合における、令和元年10月1日以後に行われる当該入居一時金に対応する役務の提供

Question12
旧税率か軽減税率か

旧税率の国税は6.3％、軽減税率の国税は6.24％ということですが、飲食料品の譲渡が旧税率適用の経過措置の対象となる場合、どちらを適用することになりますか。

Answer

1 旧税率と軽減税率

　税率の引上げにあたっては、新税率の施行日以後もなお旧税率を適用する経過措置が設けられています。旧税率と軽減税率は同じ8％ですが、国税である消費税の税率を見てみると、経過措置による旧税率は6.3％、軽減税率は6.24％です。消費税の申告は、国税である消費税と地方消費税とを区分して計算することになりますから、旧税率と軽減税率は、それぞれ別に管理、集計をしておかなければなりません。

2 どちらにも該当する場合

　令和元年10月1日以後に行う取引が、消費税率引上げ時の適用税率に関する経過措置の対象となり、かつ、軽減対象資産の譲渡等に該当する場合、いずれの税率を適用するべきかという問題が生じます。

　改正法の附則には、令和元年10月1日以後に行う軽減対象資産の譲渡等については、消費税率引上げ時の適用税率に関する経過措置の規定は適用しないものと定められています（平28改法附則35、平28改令附則4）。

　したがって、たとえ、消費税率引上げ時の適用税率に関する経過措置の対象となるものであっても、飲食料品の譲渡に該当すれば、国税部分が6.24％となる軽減対象課税の譲渡等となります。

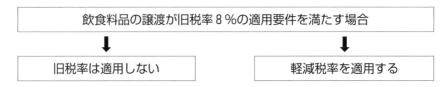

Question13

飲食料品の予約販売

税率の経過措置により8％が適用される予約販売により、飲食料品の譲渡をした場合はどうなりますか。

Answer

1 予約販売に関する経過措置

商品の引渡しが、令和元年10月1日以後となる販売には、新税率が適用されます。

ただし、事業者が、平成31年3月31日までに締結した不特定かつ多数の者に対して定期的に継続して供給することを約する契約に基づき譲渡する書籍その他の物品でその契約に定められたその譲渡に係る対価の全部又は一部を令和元年9月30日までに領収している場合において、その対価の領収に係る物品の譲渡を令和元年10月1日以後に行うときは、その領収した対価に係る部分の物品の譲渡については旧税率である8％が適用されます（平25改令附則5①）。

2 食品の予約販売である場合

予約販売に関する経過措置の対象は、「書籍その他の物品」とされているため、飲食料品であっても、その譲渡が要件に該当する場合には、経過措置の対象となります。

ただし、旧税率を適用する経過措置は、令和元年10月1日以後に行う軽減対象資産の譲渡等については適用されません（平28改法附則35、平28改令附則4）。予約販売に関する経過措置の対象となるものであっても、それが飲食料品の販売である場合には、旧税率の8％ではなく、軽減税率の8％が適用されます。

したがって、令和元年9月30日までの引渡しについては、消費税（国税）6.3％、地方消費税1.7％で合計8％、令和元年10月1日以後の引渡しについては、消費税（国税）6.24％、地方消費税1.76％で合計8％となります。

第2章

軽減税率の対象

Question14

軽減税率の対象

どのような取引に軽減税率が適用されるのですか。

Answer

軽減税率の対象となるのは、次の3つです。

❶飲食料品の譲渡 （新消法29、別表第一、平28改法附則34①一）	飲食料品とは、次の①及び②をいいます。 ①食品表示法に規定する食品のうち、酒税法に規定する酒類を除いたもの ②食品と食品以外で構成される一体資産のうち所定の要件に該当するもの
	次に掲げる課税資産の譲渡等は、飲食料品の譲渡に該当しません。 イ　外食（食事の提供） 　　飲食店業等を営む者が行う食事の提供 　＊　食事の提供とは、テーブル、椅子、カウンター等の飲食に用いられる設備のある場所において行う飲食料品を飲食させる役務の提供をいい、当該飲食料品を持帰りのための容器に入れ、又は包装を施して行う譲渡は、含みません。 ロ　ケータリング 　　課税資産の譲渡等の相手方が指定した場所において行う加熱、調理又は給仕等の役務を伴う飲食料品の提供 　＊　有料老人ホーム等の人が生活を営む場所において行う一定の飲食料品の提供は、軽減税率の対象となります。
❷新聞の譲渡 （新消法29、別表第一、平28改法附則34①二）	一定の題号を用い、政治、経済、社会、文化等に関する一般社会的事実を掲載する新聞（1週に2回以上発行する新聞に限る。）の定期購読契約に基づく譲渡
❸輸入する飲食料品 （新消法29、別表第一、平28改法附則34①）	保税地域から引き取られる課税貨物のうち、上記❶の飲食料品に該当するもの

　これらを軽減税率の対象としたのは、「飲食料品等の消費実態や、低所得者対策としての有効性、事業者の事務負担等を総合的に勘案」（平28与党大綱12ページ）した結果であると説明されています。

　以下では、軽減税率の対象となる取引を「**軽減対象資産の譲渡等**」といい、その譲渡を行った場合に軽減税率が適用されるものを「**軽減対象資産**」といいます。また、「軽減対象資産」と同意として、国税庁の通達やＱ＆Ａにおいては、「軽減税率対象品目」という用語も使用されています。

Question15

飲食料品の譲渡の範囲

飲食料品の譲渡の範囲をわかりやすく説明してください。

Answer

1 イメージ図

軽減税率の対象となる飲食料品の譲渡のイメージは、次のとおりです。

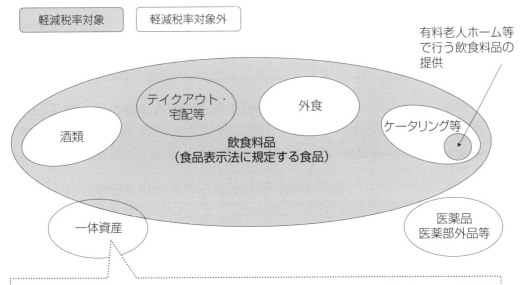

(国税庁「消費税の軽減税率に関するQ&A（制度概要編）」より)

2 飲食料品とは

飲食料品とは、食品表示法に規定する食品のうち、酒税法に規定する酒類を除いたものであり、食品と食品以外で構成される一体資産のうち所定の要件を満たすものをいいます。

3 食事の提供（外食）を除く

「外食」については、その消費税負担が逆進的とは言えないことや、諸外国においても軽減税率の適用対象外とされている事例が多く見受けられること等の事情を総合勘案し、軽減税率の適用対象外とされました。

従来、「飲食」は役務の提供と整理されており、軽減税率の対象を「飲食料品の譲渡」とすれば、飲食サービスである「外食」が対象とならないとの解釈が導かれることになります。ただし、外食産業における飲食料品の提供形態には様々なものがあることから、「外食」が飲食料品の譲渡には含まれないことを確認するため、改正法は、「食事の提供（テーブル、椅子、カウンターその他の飲食に用いられる設備のある場所において飲食料品を飲食させる役務の提供）」が飲食料品の譲渡には含まれないことを確認的に規定しています（平28改法附則34①一イ）。

　これは、食料の調達であれば税負担を軽減するが、レストランサービスには通常の税負担を求めるものであるといえます。

　この線引きにより、ファストフード店の「持帰り」、喫茶店や蕎麦屋の「出前」には軽減税率が適用され、「店内飲食」には標準税率が適用されることとなりました。

4　ケータリングを除く

　顧客が来店せず、顧客が指定する場所に料理（飲食料品）を運ぶ場合、顧客は事業者が用意した飲食設備を利用しないのですから、食事の提供（外食）には当たりません。

　しかし、料理を届けるだけでなく、顧客が指定した場所に赴き、調理や配膳、給仕等を行うものについては、「外食」とのバランスから、軽減税率の適用対象となる「飲食料品の譲渡」には含まれないこととされています（平28改法附則34①一ロ）。

　ただし、老人ホームの給食及び学校給食は、軽減税率の対象となります。

> **コラム【「飲食」は「譲渡」ではなく「役務の提供」】**
>
> 　輸出免税となる取引に、「非居住者に対して行われる役務の提供で国内において直接便益を享受しないもの」があります。これに該当するかどうかの判断として、消費税法施行令17条2項7号ロは、「役務の提供」のうち「国内における飲食又は宿泊」は、国内において直接便益を享受するものとして掲げています。
>
> 　この規定から、消費税法は、従来、「飲食」は「譲渡」ではなく「役務の提供」に整理していると考えることができます。

Question16

飲食料品の範囲

「飲食料品」であるかどうかはどのように判断するのですか。

Answer

1 飲食料品の定義をどうするべきか

飲食料品であるかどうかの判断は、存外に難しいといえます。

例えば、ケーキやクッキーの材料になるヒマワリの種は、人だけでなくハムスターの大好物ですし、土に埋めて育てればやがて花を咲かせることもできます。生きた状態で食用の海産物を販売した場合、生育した牛を生きた状態で食肉製造業者に販売した場合、これらは飲食料品の譲渡になるのでしょうか。

飲食料品であるかどうかの判断については、国会の審議においても大きな論点となりました。動物も人も食べることができるペットフードが対象となるかという質問に対し、安倍首相が、「ペット用のセサミン（健康食品の一種）というものがある。それをもらって間違えてうちの家内（昭恵夫人）に渡したら、ずっと飲んでいたこともあった。後で聞いたら中身は全く同じだった」と答え、委員室に爆笑が起きたという一幕もありました。

しかし、事業者にとっては笑いごとではありません。消費税は転嫁を予定する間接税ですから、価格決定の段階で正確に判断する必要があります。

2 食品表示法の定義による

さまざまな検討の結果、軽減税率の対象となる飲食料品は、「食品表示法に規定する食品」を基礎として判断するものと定められました。

食品表示法による表示の規制の対象が、軽減税率の対象です。

(1) 食品の定義

食品表示法2条1項において、「食品」は、次のように定義されています。

> 食品とは、全ての飲食物（医薬品、医療機器等の品質、有効性及び安全性の確保等に関する法律第2条第1項に規定する医薬品、同条第2項に規定する医薬部外品及び同条第9項に規定する再生医療等製品を除き、食品衛生法第4条第2項に規定する添加物を含む。）をいう。

(2) 食品添加物

食品衛生法は、食品添加物を次のように定めています（食品表示法2①、食品衛生法4②）。

> 食品の製造の過程において又は食品の加工若しくは保存の目的で、食品に添加、混和、浸潤その他の方法によって使用する物

一般に、加工や保存に使う着色料、保存料、味付けに使う調味料などをまとめて食品添加物と呼んでいますが、安全性とその有効性を科学的に評価し、厚生労働大臣が認めたものが、天然、合成の区別なく、食品添加物として認められています。

食品添加物の例
凝固剤…………とうふを固める
香料、甘味料…食品の味や香りをよくする（菓子、漬け物、清涼飲料水など）
保存料…………食品を長持ちさせる（ハム、ソーセージなど）
酸化防止剤……食品を長持ちさせる（バター、清涼飲料水など）
着色料…………食品の見た目をよくする（菓子、漬け物など）
発色剤…………食肉が黒ずむのを防ぐ（ハム、イクラなど）
ビタミン、ミネラル、アミノ酸…栄養成分や栄養素を補充・強化する

(3) 食品表示法の規制の対象

「食品関連事業者等」は、食品表示基準に従った表示がされていない食品の販売をしてはならないとされており（食品表示法5）、「食品関連事業者等」とは、次のイ又はロのいずれかに該当する者をいいます（食品表示法2③）。

> イ　食品の製造、加工（調整及び選別を含む。）若しくは輸入を業とする者（当該食品の販売をしない者を除く。）又は食品の販売を業とする者
> ロ　イに掲げる者のほか、食品の販売をする者

事業者の業種は関係ありません。どのような業種であっても、食品の販売については、食品表示法の規制の対象となるということです。

(4) 食品の範囲

これらの規定から、「食品表示法に規定する食品」とは、次のように説明することができます。

　　　　　　　（　人の飲用又は食用に供されるものとして販売されるもの　）

Question17

食品表示法の概要

食品表示法とは、どのような法律ですか。

Answer

1 食品表示法の概要

食品表示法の概要は、次のとおりです。

食品表示法の概要
目的 　食品を摂取する際の安全性及び一般消費者の自主的かつ合理的な食品選択の機会を確保するため、食品衛生法、農林物資の規格化及び品質表示の適正化に関する法律（旧ＪＡＳ法）及び健康増進法の食品の表示に関する規定を統合して食品の表示に関する包括的かつ一元的な制度として創設（平成27年４月施行）
食品表示基準の遵守 　食品関連事業者等は、食品表示基準に従い、食品の表示義務を負う
内閣総理大臣等による指示等 　内閣総理大臣等は、食品表示基準に違反した食品関連事業者等に対して、表示事項の表示、遵守事項の遵守を指示 　・指示を受けた者が、正当な理由なく指示に従わなかったときは、命令 　・緊急の必要があるとき、食品の回収等や業務停止を命令 　・指示、命令時にはその旨を公表
立入検査等 　違反調査のため必要がある場合には、立入検査、報告徴収、書類等の提出命令、質問、収去
罰則等 　食品表示基準違反（安全性に関する表示及び原産地・原料原産地表示の違反）、命令違反等には罰則

2 食品表示基準

　食品表示法４条では、内閣総理大臣は、内閣府令で、食品を消費者が安全に摂取し、及び自主的かつ合理的に選択するために必要と認められる事項を内容とする販売の用に供する食品に関する表示の基準を定めなければならないものとしています。

　平成27年４月１日に施行された食品表示基準（内閣府令）の別表第一には加工食品が、別表第二には生鮮食品が列挙されています（内閣府令２①）。

Question18

加工食品及び生鮮食品（食品表示基準）

食品表示基準において、加工食品及び生鮮食品は、どのように示されていますか。

Answer

食品表示法は、「内閣総理大臣は、内閣府令で、食品及び食品関連事業者等の区分ごとに、（中略）販売の用に供する食品に関する表示の基準を定めなければならない」（食品表示法4①）と定めています。

食品表示基準に定める加工食品及び生鮮食品は、次のとおりです。

1 食品表示基準　別表第一「加工食品」

1　麦類
　　精麦
2　粉類
　　米粉、小麦粉、雑穀粉、豆粉、いも粉、調製穀粉、その他の粉類
3　でん粉
　　小麦でん粉、とうもろこしでん粉、甘しょでん粉、ばれいしょでん粉、タピオカでん粉、サゴでん粉、その他のでん粉
4　野菜加工品
　　野菜缶・瓶詰、トマト加工品、きのこ類加工品、塩蔵野菜（漬物を除く。）、野菜漬物、野菜冷凍食品、乾燥野菜、野菜つくだ煮、その他の野菜加工品
5　果実加工品
　　果実缶・瓶詰、ジャム・マーマレード及び果実バター、果実漬物、乾燥果実、果実冷凍食品、その他の果実加工品
6　茶、コーヒー及びココアの調製品
　　茶、コーヒー製品、ココア製品
7　香辛料
　　ブラックペッパー、ホワイトペッパー、レッドペッパー、シナモン（桂皮）、クローブ（丁子）、ナツメグ（肉ずく）、サフラン、ローレル（月桂葉）、パプリカ、オールスパイス（百味こしょう）、さんしょう、カレー粉、からし粉、わさび粉、しょうが、その他の香辛料
8　めん・パン類

めん類、パン類

9 穀類加工品

アルファー化穀類、米加工品、オートミール、パン粉、ふ、麦茶、その他の穀類加工品

10 菓子類

ビスケット類、焼き菓子、米菓、油菓子、和生菓子、洋生菓子、半生菓子、和干菓子、キャンデー類、チョコレート類、チューインガム、砂糖漬菓子、スナック菓子、冷菓、その他の菓子類

11 豆類の調製品

あん、煮豆、豆腐・油揚げ類、ゆば、凍り豆腐、納豆、きなこ、ピーナッツ製品、いり豆、その他の豆類調製品

12 砂糖類

砂糖、糖蜜、糖類

13 その他の農産加工食品

こんにゃく、その他1から12までに分類されない農産加工食品

14 食肉製品

加工食肉製品、鳥獣肉の缶・瓶詰、加工鳥獣肉冷凍食品、その他の食肉製品

15 酪農製品

牛乳、加工乳、乳飲料、練乳及び濃縮乳、粉乳、発酵乳及び乳酸菌飲料、バター、チーズ、アイスクリーム類、その他の酪農製品

16 加工卵製品

鶏卵の加工製品、その他の加工卵製品

17 その他の畜産加工食品

蜂蜜、その他14から16までに分類されない畜産加工食品

18 加工魚介類

素干魚介類、塩干魚介類、煮干魚介類、塩蔵魚介類、缶詰魚介類、加工水産物冷凍食品、練り製品、その他の加工魚介類

19 加工海藻類

こんぶ、こんぶ加工品、干のり、のり加工品、干わかめ類、干ひじき、干あらめ、寒天、その他の加工海藻類

20 その他の水産加工食品

18及び19に分類されない水産加工食品

21 調味料及びスープ

食塩、みそ、しょうゆ、ソース、食酢、調味料関連製品、スープ、その他の調味料及びスープ

22 食用油脂
　　食用植物油脂、食用動物油脂、食用加工油脂
23 調理食品
　　調理冷凍食品、チルド食品、レトルトパウチ食品、弁当、そうざい、その他の調理食品
24 その他の加工食品
　　イースト、植物性たんぱく及び調味植物性たんぱく、麦芽及び麦芽抽出物並びに麦芽シロップ、粉末ジュース、その他21から23までに分類されない加工食品
25 飲料等
　　飲料水、清涼飲料、酒類、氷、その他の飲料

2 食品表示基準　別表第二「生鮮食品」

1　農産物（きのこ類、山菜類及びたけのこを含む。）
　（1）　米穀（収穫後調整、選別、水洗い等を行ったもの、単に切断したもの及び精麦又は雑穀を混合したものを含む。）
　　　玄米、精米
　（2）　麦類（収穫後調整、選別、水洗い等を行ったもの及び単に切断したものを含む。）
　　　大麦、はだか麦、小麦、ライ麦、えん麦
　（3）　雑穀（収穫後調整、選別、水洗い等を行ったもの及び単に切断したものを含む。）
　　　とうもろこし、あわ、ひえ、そば、きび、もろこし、はとむぎ、その他の雑穀
　（4）　豆類（収穫後調整、選別、水洗い等を行ったもの及び単に切断したものを含み、未成熟のものを除く。）
　　　大豆、小豆、いんげん、えんどう、ささげ、そら豆、緑豆、落花生、その他の豆類
　（5）　野菜（収穫後調整、選別、水洗い等を行ったもの、単に切断したもの及び単に凍結させたものを含む。）
　　　根菜類、葉茎菜類、果菜類、香辛野菜及びつまもの類、きのこ類、山菜類、果実的野菜、その他の野菜
　（6）　果実（収穫後調整、選別、水洗い等を行ったもの、単に切断したもの及び単に凍結させたものを含む。）
　　　かんきつ類、仁果類、核果類、しょう果類、殻果類、熱帯性及び亜熱帯性果実、その他の果実
　（7）　その他の農産食品（収穫後調整、選別、水洗い等を行ったもの、単に切断したもの及び単に凍結させたものを含む。）
　　　糖料作物、こんにゃくいも、未加工飲料作物、香辛料原材料、他に分類されない農産食品

2　畜産物
　（1）　食肉（単に切断、薄切り等したもの並びに単に冷蔵及び凍結させたものを含む。）
　　　牛肉、豚肉及びいのしし肉、馬肉、めん羊肉、山羊肉、うさぎ肉、家きん肉、その他の肉類
　（2）　乳
　　　生乳、生山羊乳、その他の乳
　（3）　食用鳥卵（殻付きのものに限る。）
　　　鶏卵、アヒルの卵、うずらの卵、その他の食用鳥卵
　（4）　その他の畜産食品（単に切断、薄切り等したもの並びに単に冷蔵及び凍結させたものを含む。）

3　水産物（ラウンド、セミドレス、ドレス、フィレー、切り身、刺身（盛り合わせたものを除く。）、むき身、単に凍結させたもの及び解凍したもの並びに生きたものを含む。）
　（1）　魚類
　　　淡水産魚類、さく河性さけ・ます類、にしん・いわし類、かつお・まぐろ・さば類、あじ・ぶり・しいら類、たら類、かれい・ひらめ類、すずき・たい・にべ類、その他の魚類
　（2）　貝類
　　　しじみ・たにし類、かき類、いたやがい類、あかがい・もがい類、はまぐり・あさり類、ばかがい類、あわび類、さざえ類、その他の貝類
　（3）　水産動物類
　　　いか類、たこ類、えび類、いせえび・うちわえび・ざりがに類、かに類、その他の甲かく類、うに・なまこ類、かめ類、その他の水産動物類
　（4）　海産ほ乳動物類
　　　鯨、いるか、その他の海産ほ乳動物類
　（5）　海藻類
　　　こんぶ類、わかめ類、のり類、あおさ類、寒天原草類、その他の海藻類

Question 19

食品表示基準に掲載されていない食品

食品か否かは、食品表示基準に掲載されているかどうかで判断すればよいのですか。

Answer

1 食品表示法と食品表示基準

消費税法は、食品を「食品表示法2条1項に規定する食品」と定義しており、「食品表示基準に掲げる食品」とはしていません。そして、食品表示法2条1項は、「食品」とは、「全ての飲食物（医薬品、医薬部外品及び再生医療等製品を除き、添加物を含む。）」と定義しています。

前問のとおり、食品表示基準の別表第一には「加工食品」が、別表第二には「生鮮食品」が列挙されています。したがって、食品表示基準に記載されているものが食品であり、掲載されていないものは食品ではないと考える向きもあるようです。

しかし、食品表示基準は、消費者の求める情報提供と事業者の実行可能性とのバランスを図り、双方に分かりやすい表示の基準を示したものであり、食品となるものの名称のすべてを網羅して掲げているとはいえません。

2 食品の範囲

また、食品表示法は、食品の販売をする者は、「食品表示基準に従った表示がされていない食品の販売をしてはならない」としています。

したがって、軽減税率の対象となる「食品表示法2条1項に規定する食品」とは、それを販売するときに食品表示法の規制の対象となるものをいうのであり、食品表示基準に掲げられているものに限らず、「人の飲用又は食用に供するものとして販売されるもの」であるということになります。

3 目安となる

ただし、食品表示基準は、食品であるかどうかの目安になります。

例えば、別表第二「生鮮食品」を見てみると、「2　畜産物」については、食肉には、「単に切断、薄切り等したもの並びに単に冷蔵又は凍結させたものを含む」と示されています。また、「3　水産物」については、「生きたものを含む」と示されています。

したがって、牛、豚、鳥等は生きた状態では食品に該当しないけれど、魚等の水産物は生きた状態で食品に該当するものと整理することができます。

Question20

飲食料品であるかどうかは売手の判断

人の飲用又は食用が可能なものは、全て軽減対象資産となりますか。

Answer

1 判定の時期

軽減税率が適用される取引か否かの判定は、事業者が課税資産の譲渡等を行う時、すなわち、飲食料品を提供する時点（取引を行う時点）で行うこととなります（軽減通達2、Q&A制度概要編問11）。

2 売手が判断する

事業者が人の飲用又は食用に供されるものとして販売した場合は、たとえ顧客が飲食以外の目的で購入したとしても、その販売は、「飲食料品の譲渡」に該当し、軽減税率の対象となります。

また逆に、事業者が人の飲用又は食用に供されるものでないとして販売した場合は、たとえ顧客が飲食する目的で購入したとしても、その販売は、「飲食料品の譲渡」ではありません。

販売する事業者	顧客の目的		適用税率
人の飲用又は食用に供されるものとして販売	飲食する目的で購入	→	軽減税率8％ （飲食料品の譲渡に該当）
	飲食以外の目的で購入	→	
人の飲用又は食用以外に供されるものとして販売	飲食する目的で購入 実際に飲食した	→	標準税率10％ （飲食料品の譲渡に該当しない）
	飲食以外の目的で購入	→	

例えば、工業用原材料として取引される塩や観賞用・栽培用として取引される植物及びその種子の譲渡は、飲食料品の譲渡には該当しません。

Question21

食品表示法に依拠することの問題点

軽減税率の対象を食品表示法に依拠することについて、問題はないのですか。

Answer

1 食品表示法の目的に応じた改訂の可能性

食品表示法の目的は、販売用の食品に関する表示を定めてその適正を確保し、国民の健康の保護及び増進、食品の生産及び流通の円滑化、消費者の需要に即した食品の生産の振興に寄与することです。

食品表示法は、その目的を達成するため、税制とは関係なく定められたものです。また、今後、税制とは関係なく改正されることもあるでしょう。その改正により、意図せずして軽減税率制度の対象範囲が拡大したり、縮小したりすることがあり得ないとは限りません。

2 不正の表示

食品表示法には、食品表示基準に従った表示がされていない食品の販売や原産地について虚偽の表示がされた食品の販売についての罰則が設けられており（食品表示法18、19）、現実に違反事件が報道されることもあります。

そもそも、人の食用に適さないものを食用と偽って販売した場合、それは軽減税率の対象となりません。そのような不正が明らかになった場合には、食品表示法に従って罰せられることに加え、消費税の更正処分も行われるでしょう。

3 代替物の税率等

食品表示基準の適用を受けるか受けないかで判断すると、次のような類似の品目について異なる判断となります。

- ミネラルウォーターは軽減税率で、水道水は標準税率
- 栄養ドリンク風の清涼飲料水は軽減税率で、医薬部外品の栄養ドリンクは標準税率
- 生きた水産物は軽減税率で、生きた牛、豚、鳥等は標準税率

Question22

高級食材、輸入食材

高級食材も軽減税率の対象となりますか。また、輸入した食材の販売はどうですか。

Answer Answer

1 高級食材

高級食材も軽減税率の対象品目です。

低所得者への配慮という観点からみると、高級食材は軽減税率の対象にするべきではない、という考え方もあります。また、軽減税率の対象は、生鮮食料品や基礎的食料品に限るべきではないかという意見もあります。

しかし、食品の中で線引きを行うことは難しく、軽減税率は、「酒類を除く飲食料品」全般に適用されることになりました。

与党の消費税軽減税率制度検討委員会では、「酒類を除く飲食料品」を軽減税率の対象とする場合の課題及び特徴が次のように報告されています。

- 対象品目の範囲が広く、紛れがないため、消費者にとって分かりやすく、対象品目の線引き判断に係る事業者の事務負担も相対的に軽い。
- 対象品目の範囲が広いため、類似性・代替性のある品目の間での税率差は生じにくい。
- 関連事業者の範囲が広く、適正課税の観点から、EU型インボイス方式の導入が必要。
- 所要財源が大きく、安定財源の確保の調整に困難が予想される。

2 輸入食材

食品であるかどうかの判断に、国産か外国産かの違いはありません。

輸入したものであっても、人の飲用又は食用に供されるものとして販売されるものは、食品に該当します。

Question23

植物の種子、生きている魚、生きている牛

Question16では、ヒマワリの種や、生きている魚、生きている牛は食品か、という疑問がありました。どうなりますか。

Answer

1 ヒマワリの種

「食品表示法に規定する食品」とは、「人の飲用又は食用に供されるものとして販売されるもの」です。

したがって、ヒマワリの種は、ケーキやクッキーの材料等、食品として販売した場合には軽減税率が適用され、ハムスターのエサや園芸用の種子として販売した場合には標準税率が適用されます。

2 生きている魚

生きている魚が食品に該当するかどうかについて、Question18の食品表示基準の別表を手がかりに考えてみましょう。食品表示基準の別表第二「生鮮食品」をみると、海産物には、「生きたものを含む」と示されています。したがって、食用の海産物は、生きた状態であっても食品に該当し、食品として販売した場合は、飲食料品の譲渡であるということになります。

もちろん、観賞用の金魚や熱帯魚は食品ではありませんから、その譲渡は、飲食料品の譲渡ではありません。

3 生きている牛や鳥

食品表示基準の別表第二「生鮮食品」で食肉の欄を見ると、「生きている牛」は掲げられていません。したがって、生育した牛を生きた状態で食肉製造業者に販売した場合には、飲食料品の譲渡にはあたらず標準税率が適用されます。切断して食肉になった以後の譲渡は飲食料品の譲渡になります。

豚や鳥についても、同様です。

Question24

賞味期限が近い、規格外等の理由で安売りされるもの

　当店は、賞味期限が近付いたものを安売りしていますが、この場合にも軽減税率は適用されますか。

Answer

1 消費期限と賞味期限
　消費期限とは、定められた方法により保存した場合において、腐敗、変敗その他の品質の劣化に伴い安全性を欠くこととなるおそれがないと認められる期限を示す年月日をいいます。
　また、賞味期限とは、定められた方法により保存した場合において、期待される全ての品質の保持が十分に可能であると認められる期限を示す年月日をいい、その期限を超えた場合であっても、これらの品質が保持されていることがあるものです。
　品質が急速に劣化する食品（生もの）には、安全に食べられる期限である「消費期限」を表示し、比較的劣化しにくい食品には、おいしく食べることができる期限である「賞味期限」が表示されます。

2 賞味期限が近いもの、規格外であるものの販売
　「消費期限」を過ぎた食品は、安全性に問題があり、販売に適しません。
　他方、「賞味期限」はこれを過ぎた食品であっても、必ずしもすぐに食べられなくなるわけではありませんが、「賞味期限」が過ぎたものを販売している例もほとんどないでしょう。
　しかし、最近は、賞味期限が近付いている食品を安価で販売することによって、食品ロスの削減に取り組んでいる企業もあります。また、野菜や果物について、形状等が規格外であることから従来は廃棄されていたものを活用する例も、珍しいことではなくなりました。
　このように賞味期限が近付いたり、規格外であったりすることを理由に安価で販売されるものであっても、人の飲用又は食用として販売される場合には、軽減税率の対象となります。

3 賞味期限切れの食品の廃棄
　賞味期限が切れたものを廃棄するために譲渡する場合は、人の飲用又は食用に供されるものとして譲渡されるものではないことから、軽減税率の適用対象となりません（平28改法附則34①一、軽減通達2、Q&A個別事例編問11）。

Question25
動物の餌として購入される果物

果物店です。動物に与える目的で果物を購入する顧客がいますが、この顧客に対する販売に軽減税率を適用してもよいですか。

Answer

1 ペットフード

「食品」とは、人の飲用又は食用に供されるものをいいます（平28改法附則34①一、軽減通達2）。

人の飲用又は食用に供されるものではない牛や豚等の家畜の飼料やペットフードは、「食品」に該当せず、その販売は軽減税率の対象となりません。

2 人が食べる果物を動物に与える場合

販売する事業者が人の飲食又は食用として販売する食品は、たとえ、購入する者が飼育する動物の餌に使用する目的で購入した場合であったとしても、軽減税率の対象となります。

3 動物の餌として販売する場合

通常、人の飲用又は食用に供されるものとして販売している果物であっても、その顧客との交渉により、動物の餌として販売する場合には、その動物の餌の販売は、人の飲用又は食用に供されるものとして譲渡されるものではないことから、軽減税率の対象となりません。

Question26

ノンアルコールビール、甘酒、みりん、料理酒

ノンアルコールビールの販売には軽減税率が適用されますか。

Answer

1 酒税法に規定する酒類

酒税法に規定する酒類の譲渡は、軽減税率の対象となりません。酒税法における酒類の定義は、次のとおりです（酒税法２）。

> アルコール分１度以上の飲料（薄めてアルコール分１度以上の飲料とすることができるもの（アルコール分が90度以上のアルコールのうち、（酒税法）第７条第１項の規定による酒類の製造免許を受けた者が酒類の原料として当該製造免許を受けた製造場において製造するもの以外のものを除く。）又は溶解してアルコール分１度以上の飲料とすることができる粉末状のものを含む。）

2 アルコール分１度以上の飲料であるかどうかで判定

上述のとおり、酒税法は、アルコール分１度以上の飲料を酒類と定めています。

したがって、ノンアルコールビールや甘酒など、アルコール分が１度未満の飲料は、軽減税率の適用対象である「飲食料品」に該当します（Q＆A個別事例編問15）。

また、みりんは甘いお酒として飲まれることもあり、飲料と認識されているので酒類に該当します。しかし、アルコール分が１度未満のみりん風調味料は「飲食料品」となり、軽減対象資産です（Q＆A個別事例編問14）。

また、料理専用の料理酒は、アルコール分が１度以上であるものの、塩などを加えることにより飲用できないように加工されている場合が多いと考えられます。このように発酵調味料として加工された料理酒は、酒税法に規定する酒類に該当せず、「飲食料品」に該当します（Q＆A個別事例編問14）。

Question27

アルコール含有菓子類

アルコールを含むお菓子は、酒類に該当しますか。

Answer

1 アルコール含有菓子類

　酒類を原料とした菓子については、「酒税法及び酒類行政関係法令等解釈通達」に、「アルコール含有菓子類等の取扱い」が示されています。

　これによれば、菓子類のうち、「融解又は溶解により飲用することができ、かつ、アルコール分が1度以上のもの」は酒類に該当することになります。ただし、次の3つの事項を満たすものについては、強いて酒類には該当しないものとして取り扱うこととされています。

> イ　一般に飲用に供されるものではないと認知されているもの
> ロ　実態として、通常飲料として供されるものとは認められないもの
> ハ　製品の形状を維持することを目的とした製造行為が行われるもの又は食品添加物等が使用されるもので、氷菓以外のもの

2 ブランデーケーキ、フラッペ、ゼリー

　つまり、アルコール分が1度以上のフラッペ等（氷菓）は酒類に該当し、ブランデーケーキはアルコールの度数に関係なく軽減対象資産となるということです。

　では、ゼリーはどうでしょう。「飲むゼリー」などと称するようなとろみの付いた飲料であれば、アルコール度数によって判断することになります。

　他方、ゼラチンで固めたゼリーは常温で溶けてしまいますが、市販のゼリーは、凝固剤を添加して溶けないように加工しているものと考えられます。このように加工したものは、上記の通達に照らし、酒類には該当しないこととなります。

3 原料が酒、酒の原料

　酒類を原料に使用した菓子であっても、その菓子が酒税法に規定する酒類に該当しないのであれば、軽減税率の対象になります（Q＆A個別事例編問16）。

　また、日本酒を製造するための原材料である米は、酒類ではありません。したがって、酒の原料となる米の販売は軽減税率の対象となります（Q＆A個別事例編問17）。

Question28

栄養ドリンク、健康食品

栄養ドリンクや健康食品の販売は、軽減税率の対象ですか。

Answer

1 医薬品等

「医薬品、医療機器等の品質、有効性及び安全性の確保等に関する法律」に規定する「医薬品」、「医薬部外品」及び「再生医療等製品」は、「食品」に該当しません（平28改法附則34①一）。

したがって、栄養ドリンクや健康食品が軽減対象資産となるかどうかは、個々の商品について、「医薬品」、「医薬部外品」又は「再生医療等製品」に該当するかどうかによって判断します。

購入する場合は、その商品の表示を確認することで判断できます。

2 特定保健用食品、栄養機能食品

人の飲用又は食用に供される特定保健用食品（トクホ）、栄養機能食品は、医薬品等ではありませんから「食品」に該当します。

また、人の飲用又は食用に供されるいわゆる健康食品、美容食品も、医薬品等に該当しなければ、「食品」に該当します。これらの販売は、軽減税率の対象となります（Q＆A個別事例編問24）。

Question29

食品添加物の販売

食品の製造に使用する添加物の販売は、軽減税率の対象ですか。販売先が食品の製造以外に用いた場合はどうですか。

Answer

1 食品添加物の販売

食品の製造、加工等の過程において添加される食品衛生法に規定する「添加物」は、「食品」に該当し、その販売は軽減税率の対象となります（平28改法附則34①一、食品衛生法4②、軽減通達2、Q＆A個別事例編問17）。

2 金箔

食品衛生法に規定する「添加物」として販売する金箔は、「食品」に該当し、その販売は軽減税率の適用対象となります（平28改法附則34①一、軽減通達2、Q＆A個別事例編問19）。工芸用に販売する金箔は、「食品」ではありません。

購入者の使用目的ではなく、人の飲用又は食用に供されるものとして販売されているかどうかで判断します。

3 重曹

重曹は、食用及び清掃用に使用することができるものとして販売されることがあります。この場合、食品添加物として、食品表示法に規定する表示をしていれば、その重曹の販売は、軽減税率の適用対象となります（平28改法附則34①一、軽減通達2、Q＆A個別事例編20）。

4 販売先が化粧品の原材料に使用する場合

食品衛生法に規定する「添加物」を食用として販売している場合に、例えば、取引先である化粧品メーカーが、これを化粧品の原材料としている場合が考えられます。

そのような場合であっても、人の飲用又は食用に供されるものである食品衛生法に規定する「添加物」として販売されるものは、「食品」に該当します。したがって、取引先が化粧品の原材料とする場合であっても、「添加物」を「食品」として販売する場合には、軽減税率の対象となります（Q＆A個別事例編問21）。

Question30

氷、水、ウォーターサーバー

水や氷の販売は、軽減税率の対象ですか。水道水はどうですか。

Answer

1 氷の販売

　人の飲用又は食用に供されるものであるかき氷に用いられる氷や飲料に入れて使用される氷などの食用氷は「食品」に該当し、その販売は軽減税率の対象となります。

　しかし、例えば、ドライアイスや保冷用の氷は、人の飲用又は食用に供されるものではなく、「食品」に該当しないことから、その販売は軽減税率の対象となりません（Q＆A個別事例編問9）。

2 水の販売

　人の飲用又は食用に供されるミネラルウォーターなどの飲料水は、「食品」に該当し、その販売は軽減税率の対象となります。

　他方、水道水は、炊事や飲用のための「食品」としての水と、風呂、洗濯といった飲食用以外の生活用水として供給されるものとが混然一体となって提供されています。したがって、水道水の供給は、軽減税率の対象ではありません（Q＆A個別事例編問8）。

3 ウォーターサーバーのレンタル

　事業所及び一般家庭に対し、ウォーターサーバーをレンタルしてレンタル料を受け取るとともに、ウォーターサーバーで使用する水を販売して販売代金を受け取っている場合、ウォーターサーバーのレンタルは飲食料品の販売ではありませんから軽減税率は適用されません。

　人の飲用又は食用に供されるウォーターサーバーで使用する水は「食品」に該当し、その水の販売は軽減税率の対象となります（Q＆A個別事例編問10）。

Question31

飲食料品の製造加工

材料の支給を受けて行う食品の製造加工には軽減税率が適用されますか。

Answer

1 製造販売か賃加工か

　メーカーとの製作物供給契約によって行う飲食料品の供給に係る税率は、その取引が、「製造販売」に当たるか「賃加工」に当たるかにより適用税率が異なることとなります。

　「製造販売」は「飲食料品の譲渡」ですから軽減税率の適用対象となりますが、「飲食料品の譲渡」ではない「賃加工」は役務の提供ですから、標準税率が適用されます。「製造販売」に当たるか「賃加工」に当たるかは、その契約内容等により、次のような点を踏まえて判断することとなります（Q＆A個別事例編問41）。

- 受託者の使用する原材料や包装資材は、どのように調達されるか（委託者からの無償支給か、有償支給か、自社調達か）
- 契約に係る対価の額はどのように設定されるか
- 完成品の所有権がどちらにあるか

2 材料の有償支給を受けて行う製造

　例えば、飲食料品メーカーから原材料及び包装資材の有償支給を受け、その完成品について、原材料代と包装資材代に加工賃を加算した金額を販売代金としてその飲食料品メーカーに販売し、引渡しの時にその所有権が飲食料品メーカーへ移転する、といった契約である場合には、一般に製造業者が原材料等を仕入れて製品を製造して販売する取引と変わるところはありません。飲食料品メーカーへの飲食料品の販売には、軽減税率が適用されます（Q＆A個別事例編問41）。

3 材料の無償支給を受けて行う加工

　飲食料品メーカーから原材料及び包装資材の無償支給を受け、加工を行って完成品を飲食料品メーカーに引渡し、加工賃を請求する、といった契約である場合には、その完成品が飲食料品であっても、その加工に係る役務の提供には、標準税率が適用されます。

　例えば、取引先からコーヒーの生豆を預かり、焙煎等の加工を行って引き渡す場合がこれに該当します（Q＆A個別事例編問40）。

Question32

炭酸ガスの販売とボンベの回収

ボンベに入った炭酸ガスを仕入れて飲食店に販売し、後日、回収したボンベを仕入先に返却します。税率はどうなりますか。

Answer

1 炭酸ガスの仕入れと販売

食品添加物として販売される炭酸ガスは、「食品」に該当し、その販売は軽減税率の適用対象となります（平28改法附則34①一、軽減通達2）。炭酸ガスが充てんされたボンベは、炭酸ガスの販売に付帯して通常必要なものとして使用されるものと考えられるので、ボンベについて別途対価を徴している場合を除き、炭酸ガスの販売代金の全額に軽減税率が適用されます（Q＆A個別事例編問22）。

2 容器保証金

炭酸ガスの販売にあたって容器保証金（ボンベの返却を担保するために預かる保証金）を徴している場合には、その容器保証金の徴収と返還は、消費税の課税の対象となりません（消基通5-2-6）。

ただし、ボンベが返却されないことにより没収される容器保証金の取扱いは、次のとおりです（消基通5-2-6）。

当事者間においてそのボンベの譲渡の対価として処理することとしている場合	ボンベの譲渡には標準税率を適用
当事者間において損害賠償金として処理することとしている場合	損害賠償は課税対象外

いずれによるかは、当事者間で授受する請求書、領収書その他の書類で明らかにすることとなります（Q＆A個別事例編問30）。

3 ボンベの有償回収

ボンベについての対価や容器保証金を徴収しないで炭酸ガスを販売し、後日、空のボンベを有償で回収する場合には、そのボンベの回収はボンベの譲渡であり、標準税率が適用されます。

Question33

果物狩り、潮干狩り、バーベキュー

いちご狩りなどの果物狩りの入園料は、軽減税率の対象となりますか。

Answer

1 果物狩りの入園料

　果樹園での果物狩りの入園料は、顧客に果物を収穫させ、収穫した果物をその場で飲食させるといった役務の提供に該当し、「飲食料品の譲渡」ではありません。したがって、入園料は、軽減税率の対象となりません。

　潮干狩りや釣り堀等の入園料、入場料についても、同様です（Q＆A個別事例編問32）。

2 収穫した果物の対価

　ただし、収穫して持ち帰る果物について別途対価を徴している場合には、果物の販売となるので、「飲食料品の譲渡」に該当し、軽減税率の対象となります（Q＆A個別事例編問32）。

3 バーベキュー

　バーベキュー施設内で飲食する飲食料品について、そのバーベキュー施設を運営する事業者からしか食材の提供を受けることができない場合には、施設利用料と食材代を区分していたとしても、その全額が飲食に用いられる設備において飲食料品を飲食させる役務の提供に係る対価と認められ、その全額が「食事の提供」の対価に該当し、軽減税率の対象となりません（Q＆A個別事例編問74）。

　また、飲食料品を提供する事業者が、バーベキュー施設を運営する事業者自体ではなく、その運営事業者の契約等により、顧客にバーベキュー施設の飲食設備を利用させている事業者である場合についても同様です。

Question34

お土産付きパック旅行、手作り体験ツアー

　パック旅行に飲食料品のお土産が付いている場合は、お土産代に軽減税率が適用されますか。

Answer

1 飲食料品のお土産付きパック旅行
(1) パック旅行の全体が標準税率
　パック旅行の中には、もれなく飲食料品のお土産が付くものがあります。

　パック旅行は、交通、宿泊、飲食等の様々な資産の譲渡等を複合して旅行という包括的な一の役務の提供を行うものです。したがって、たとえ飲食料品のお土産が付いていて、旅行代金のうちそのお土産に係る部分の金額が明らかな場合であっても、旅行代金の全部に標準税率が適用されます（Q&A個別事例編問36）。

(2) 別料金のお土産の販売
　ただし、飲食料品のお土産がパック旅行のサービスの一部ではなく、旅行の申し込みとは別に飲食料品のお土産を販売する場合には、その飲食料品の販売には軽減税率が適用されます。

2 手作り体験ツアー
　そばの手打ちや和菓子の手作りなどの体験ができるツアーが人気です。プロフェッショナルの指南を受け、作った食品をその場で食べることもでき、希望によっては持ち帰ることができる場合もあります。

　このようなツアーは、手作り体験を楽しむレジャーであり、その代金は役務の提供の対価であるといえます。

　したがって、たとえ作った食品を持ち帰る場合であっても、そのことによって飲食料品の譲渡になるものではありません。ツアー代金の全部に標準税率が適用されます。

Question35

農業における農作物の販売

収穫した米は直接消費者に販売することはなく農協に出荷しています。軽減税率の対象となりますか。

Answer

1 農作物の販売

独自の販売ルートを確立していない農家は、通常、収穫した米を地元の農協（ＪＡ）へ出荷することになります。農協への米の出荷は、消費者に直接販売するものではありませんが、人の飲用又は食用に供される米の販売ですから、飲食料品の譲渡に当たり、軽減税率が適用されます。野菜や果物についても、同様です。

2 種籾（たねもみ）の仕入れ

人の飲用又は食用に供されるものではない「種籾（たねもみ）」として販売される籾は、「食品」ではありません。したがって、農家が「種籾」を仕入れる場合、その仕入れには、標準税率10％が適用されます（Ｑ＆Ａ個別事例編問６）。

3 農家の税額計算

農家が行う、人の飲用又は食用に供される米、野菜、果物等の販売には、軽減税率が適用されます。他方、農家が行う課税仕入れには、種籾、種子、苗木、肥料、農機具等の購入、水道光熱費等の支払いがありますが、いずれも標準税率が適用されます。

このような売上げに軽減税率が適用され、仕入れに標準税率が適用される事業者は、他の事業者に比べて納税額が小さくなり、人件費や利益の額が小さい場合には、課税標準額から控除しきれない控除対象仕入税額が計算され、消費税の還付申告となる可能性があります。

消費税等8％	軽減税等10％	還付税額
課税売上げ（軽減税率）	課税仕入れ（標準税率）	
	課税仕入れ以外	利益

Question36

カタログギフト

当社は、カタログギフトを運用する会社です。顧客は、当社から購入したカタログを贈答品として進呈し、もらった人はカタログから商品を選択して申し込みます。掲載する商品を全て飲食料品にすれば、カタログギフトの販売に軽減税率が適用されますか。

Answer

贈答を受けた者（受贈者）がカタログに掲載された商品の中から任意に選択した商品を受け取ることができる、いわゆるカタログギフトの販売は、贈与者による商品の贈答を代行すること、具体的には、様々な商品を掲載したカタログを提示するとともに、受贈者の選択した商品を手配する一連のサービスを内容とする「役務の提供」を行うものです。

カタログに、たとえ食品のみが掲載されていたとしても、カタログギフトの販売は、「飲食料品の譲渡」に該当しません。したがって、軽減税率の適用対象となりません（Q&A個別事例編問35）。

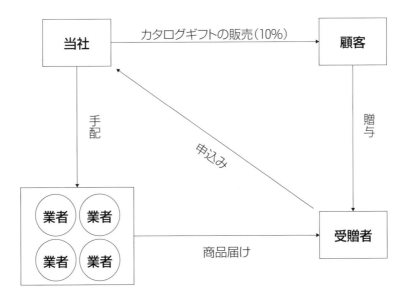

Question37

飲食料品の委託販売

飲食料品の販売を販売代行業者に委託している場合の取扱いは、どうなりますか。

Answer

1 総額処理

委託販売により商品を販売した場合、委託者における資産の譲渡等の対価の額は、受託者が委託商品を譲渡等したことにより顧客から収受した又は収受すべき金額であり、受託者に支払う委託販売手数料は、課税仕入れに係る支払対価となります。これを総額処理といいます。

2 純額処理

委託販売に係る取扱商品が軽減税率の対象でない場合は、その資産の譲渡等の対価の額から受託者に支払う委託販売手数料を控除した残額を委託者における資産の譲渡等の対価の額とする純額処理が認められます（消基通10-1-12(1)）。純額処理を行う場合は、軽減税率の対象ではない取扱商品に係る委託販売の全てについて、純額処理による必要があります。

3 飲食料品の委託販売である場合

委託販売を行う商品が飲食料品である場合、受託者が行う飲食料品の譲渡には軽減税率が適用されますが、委託販売に係る役務の提供は、その取扱商品が飲食料品であったとしても、軽減税率の対象となりません。

したがって、飲食料品の委託販売については、受託者が行う販売と委託販売に係る役務の提供の適用税率が異なるため、純額処理をすることはできません（軽減通達16）。

4 令和元年10月1日を含む課税期間

軽減税率の対象となる飲食料品と飲食料品以外の商品の両方の委託販売を行う場合において、令和元年10月1日を含む課税期間において、その課税期間の初日から令和元年9月30日までの期間について純額処理をしていたときは、令和元年10月1日以後は、軽減税率の対象となる飲食料品の委託販売については総額処理に変更しなければなりません。この場合、軽減税率の対象とならない取引も含めて委託販売の全てを総額処理に変更することもできます（Q&A個別事例編問45）。

Question38

飲食料品の購入に充てた出張費

出張の際に支給する日当が飲食料品の購入に充てられた場合、会社にとってその出張費は軽減税率適用の課税仕入れとなりますか。

Answer

1 出張旅費の取扱い

従業員や役員が勤務する場所を離れてその職務を遂行するための出張旅行等を行う場合には、その使用人等に支給する出張旅費、宿泊費、日当等のうち、その旅行について通常必要であると認められる部分の金額は、課税仕入れに係る支払対価に該当します（消基通11－2－1）。

ただし、海外出張のために支給する旅費、宿泊費及び日当等は、課税仕入れに係る支払対価に該当しません。

「その旅行について通常必要であると認められる部分の金額」とは、その旅行の目的、目的地、行路若しくは期間の長短、宿泊の要否、旅行者の職務内容及び地位等からみて、その旅行に通常必要とされる費用の支出に充てられると認められるものをいい、次に掲げる事項を勘案して判断します（消基通11－2－1、所基通9－3）。

> ① その支給額が、その支給をする使用者等の役員及び使用人の全てを通じて適正なバランスが保たれている基準によって計算されたものであるかどうか。
> ② その支給額が、その支給をする使用者等と同業種、同規模の他の使用者等が一般的に支給している金額に照らして相当と認められるものであるかどうか。

2 飲食料品の購入に充てられた日当

会社が出張のために支給する日当は、仮に従業員等が飲食料品の購入に充てたとしても、会社が「飲食料品の譲渡」の対価として支出するものではないことから、軽減税率は適用されません（Q＆A個別事例編問37）。

3 領収書による実費精算

従業員等が支出した実費について、会社が従業員等から受領した領収書等を基に精算する実費精算分については、その支払いの事実に基づき適用税率を判定します（Q＆A個別事例編問37）。

Question39

食事の提供（外食）の範囲

軽減税率の対象から除かれる食事の提供（外食）とは、レストランの営業のことですか。

Answer

1 食事の提供（外食）

軽減対象資産の譲渡等から除かれる「食事の提供」は、飲食店業等を営む者が、飲食に用いられる設備（飲食設備）がある場所において行う食事の提供です（平28改法附則34①一）。

ただし、「持帰りのための容器に入れ、又は包装を施して行う飲食料品の譲渡」は、「食事の提供」となりません（平28改法附則34①一）。

食事の提供（外食）
飲食店業を営む者が行う食事の提供 ＊ テーブル、椅子、カウンターその他の飲食に用いられる設備のある場所において飲食料品を飲食させる役務の提供をいう。 ＊ 飲食料品を持帰りのための容器に入れ、又は包装を施して行う譲渡は、含まない。

2 飲食店業等を営む者

「飲食店業等を営む者」とは、食品衛生法施行令に規定する飲食店営業、喫茶店営業その他の飲食料品をその場で飲食させる事業を営む者をいうものとされていますが、このような業種に限らず、飲食設備のある場所において飲食料品を飲食させる役務の提供を行う全ての事業者が該当します（平28改令附則3①、軽減通達7）。

したがって、レストランや食堂、喫茶店といった店舗で営業する者に限らず、飲食設備を用意して食事を提供する全ての事業者が「飲食店業等を営む者」に該当します。

3 食事の提供と食材の購入

飲食設備のある場所において飲食料品を飲食させる役務の提供（外食）には軽減税率は適用されませんが、その食事の提供のために行う食材の購入には軽減税率が適用されます。

Question40

「飲食設備」の範囲

どの程度の設備をしていれば、飲食設備となるのですか。

Answer

1 飲食設備の範囲

軽減税率の対象とならない食事の提供（外食）は、飲食店業等を営む者が、テーブル、椅子、カウンターその他の飲食に用いられる設備（飲食設備）がある場所において行う食事の提供であるとされています。

テーブル、椅子、カウンターその他の飲食に用いられる設備（飲食設備）とは、飲食料品の飲食に用いられる設備であれば、その規模や目的を問わず、飲食のための専用の設備である必要もありません。次のような設備も、「飲食設備」に該当します（軽減通達8）。

① テーブルのみ、椅子のみ、カウンターのみの設備
② 飲食目的以外の施設等に設置されたテーブル等で飲食に用いられる設備

①の「テーブルのみ、椅子のみ、カウンターのみの設備」とは、例えば、立ち食いそばのカウンターがこれにあたります。

また、②の「飲食目的以外の施設等に設置されたテーブル等で飲食に用いられる設備」とは、例えば、コンビニエンスストアのイートインコーナーのテーブル等がこれにあたります。コンビニエンスストアは、飲食施設ではなく物品販売を行う店舗です。物品販売を行う店舗であっても、設置したテーブル等において購入した飲食料品を飲食させる場合には、そのテーブル等は飲食設備に該当することになります。

2 飲食料品の提供を行う者と設備設置者が異なる場合

飲食料品の提供を行う者と設備を設置又は管理する者（設備設置者）が異なる場合であっても、飲食料品の提供を行う者と設備設置者との間の合意等に基づき、その飲食設備を飲食料品の提供を行う者の顧客に利用させることとしているときは、「飲食設備」に該当します（軽減通達9）。

Question41

食べ歩き、屋外のテーブルの利用

　顧客が食べ歩きを希望する場合、串焼きやソフトクリームをそのまま手渡ししています。軽減税率を適用するために持帰り用の包装をしないといけませんか。屋外のテーブルを自由に利用することができる場合はどうですか。

Answer

1 食べ歩き

軽減税率の対象とならない食事の提供とは、

① テーブル、椅子、カウンターその他の「飲食に用いられる設備のある場所において飲食料品を飲食させる役務の提供」をいい、

② その飲食料品を「持帰りのための容器に入れ、又は包装を施して行う譲渡は含まない」ものとされています（平28改法附則34①一イ）。

　したがって、店内飲食ができるお店では、持帰りのための包装をしない限り軽減税率は適用されないと考える向きもあるようです。

　しかし、飲食設備を利用しないで食べ歩きを希望する顧客への飲食料品の販売は、そもそも、①の「飲食に用いられる設備のある場所において飲食料品を飲食させる役務の提供」にあたらないことから、持帰り用の包装をしていなくても、軽減税率の対象となります。

2 屋外のテーブルの利用

　食べ歩きのお店であっても、店先にテーブルや椅子をおいて、自由に休憩できるようにしている場合があります。

　テーブル等が屋外に設置してあっても、そのテーブル等で顧客に飲食させる場合には、食事の提供に該当し、軽減税率は適用されません。

　したがって、屋外に飲食用のテーブル等を設置して、串焼きやソフトクリームを購入した顧客が、そのテーブルを利用して飲食することができることとしている場合には、そのテーブルを利用して飲食するかどうかの確認が必要となります。

　この場合、設備の規模や営業の実態から、大半が食べ歩きであることを前提に営業していると認められる場合には、必ずしも全ての顧客にテーブル等を利用するのか食べ歩きをするのかを質問することを必要とするものではありません。例えば、「テーブルを利用する場合はお申し出ください」等の掲示をして意思確認を行うなど、営業の実態に応じた方法で意思確認を行うことができます。

Question42

立ち食いそば、セルフサービス、ペットボトル飲料の提供

立ち食いのそば屋、セルフサービスの飲食店の税率はどうなりますか。また、グラス等の食器を使用せず、ペットボトル飲料をそのまま提供する場合はどうですか。

Answer

1 立ち食いそば

テーブルのみ、椅子のみ、カウンターのみ又はこれら以外の設備であっても、飲食料品の飲食に用いられるのであれば、「飲食設備」に該当します（平28改法附則34①一イ、軽減通達8）。

カウンターのみのそば屋の立ち食いは、食事の提供（飲食設備のある場所において飲食料品を飲食させる役務の提供）に該当します（Q&A個別事例編問64）。

2 セルフサービス

テーブル、椅子、カウンターその他の飲食設備のある場所において飲食料品を飲食させる役務の提供には、軽減税率は適用されません（平28改法附則34①一イ）。

セルフサービスの飲食店は、セルフサービスであっても、顧客にその店舗のテーブル、椅子、カウンターその他の飲食設備を利用させて飲食料品を飲食させているので、軽減税率の対象になりません（Q&A個別事例編問50）。

3 ペットボトル飲料の提供

お茶やジュースを提供する場合に、グラス等の食器を使用せず、缶飲料、ペットボトル飲料を缶又はペットボトルのまま提供しているお店があります。

缶飲料、ペットボトル飲料をそのまま提供したとしても、店内で飲食させるものとして提供している場合には、食事の提供（飲食設備がある場所において飲食料品を飲食させる役務の提供）に該当し、軽減税率は適用されません（Q&A個別事例編問63）。

> **コラム【レジ前のお菓子の販売】**
> 持帰りを前提に行うレジ前に置いたお菓子の販売は、顧客がその場で飲食すると意思表示をしない限り、軽減税率の対象になります。

Question43

屋台、移動販売車による飲食料品の販売

屋台のおでん屋やラーメン屋、縁日の屋台や移動販売車での飲食料品の販売は軽減税率ですか。

Answer

1 飲食設備における食事の提供

屋台のおでん屋やラーメン屋、縁日の屋台であっても、テーブル、椅子、カウンター等の飲食設備を用意して飲食させている場合は、軽減税率の対象となりません。

移動販売車による飲食料品の販売についても、飲食設備を用意して行う食事の提供には軽減税率は適用されません。

2 公園のベンチ等を利用する場合

顧客が公園のベンチを利用して飲食することを想定して、屋台や移動販売車を公園のベンチの近くにとめて飲食料品を販売した場合はどうでしょうか。

飲食料品を提供する事業者が設置したベンチでなくても、ベンチの設置者と飲食料品を提供している事業者との間の合意等に基づきそのベンチを顧客に利用させることとしている場合は、飲食設備において行う食事の提供に該当します（軽減通達9）。

このような合意等のない誰でも利用できるものである場合には、その公園のベンチは、飲食設備に該当しません（Q&A個別事例編問66）。

したがって、屋台の営業や移動販売車による飲食料品の販売についての税率は、次のように判断することになります（Q&A個別事例編問51）。

・テーブル、椅子、カウンター等がない ・公園などの公共のベンチ等を顧客が使用することもあるが、特段の使用許可等をとっておらず、その他の者も自由に使用している	・屋台の経営者自らテーブル、椅子、カウンター等を設置している ・自ら設置はしていないが、ベンチ等の設備設置者から使用許可等を受けている
↓	↓
飲食設備がない	飲食設備がある
↓	↓
軽減税率	標準税率

Question44

他の事業者が設置する飲食設備を利用する合意等

他の事業者が設置する飲食設備について、利用に関する合意等があるかどうかはどのように判断するのですか。

Answer

1 他者が設置する飲食設備

飲食料品を提供する事業者が設置したものでなくても、設備の設置者とその事業者との間の「合意等」に基づき、その設備を「顧客に利用させること」としている場合は、飲食設備に該当します（軽減通達9）。

2 明示的な合意

その飲食設備等を利用することが契約書で明らかにされている場合には、「合意等」を確認することができます。

3 黙示の合意

「合意等」には、契約書等で明らかにされている明示的な合意のみならず、「黙示の合意」も含みます。

「黙示の合意」とは、飲食料品を提供する事業者が、設備設置者との明示の合意なく自らの顧客にその設備を使わせていることが設備設置者に黙認されており、かつ、飲食料品を提供する事業者がその設備を「管理支配しているような状況」をいいます。

また、ここでいう「管理支配しているような状況」とは、例えば、その設備にメニュー等を設置、顧客を案内、配膳、下膳、清掃を行っているなど、自らの飲食設備として利用させている状況が挙げられます（Q＆A個別事例編問67）。

また、上記の「顧客に利用させること」とは、その利用目的を問いません。そのため、飲食料品を提供している事業者が、その設備を顧客に利用させている場合は、飲食用・休憩用などの目的にかかわらず、飲食設備に該当します（Q＆A個別事例編問67）。

Question45

店内飲食か持帰りかは買手が決める

「持帰りのための容器に入れ、又は包装を施して行う譲渡」は外食に含まないとされています。持帰り用に包装したものは全て軽減税率の対象になるのですか。

Answer

1 法令の規定

改正法においては、飲食店業等を営む者が行うものであっても、「飲食料品を持帰りのための容器に入れ、又は包装を施して行う譲渡」は、外食（食事の提供）に含まないとされています（平28改法34附則①一イ）。

2 通達に示された解釈

この規定の解釈について、軽減通達11は、「当該飲食料品の提供等を行う時において、例えば、当該飲食料品について店内設備等を利用して飲食するのか又は持ち帰るのかを適宜の方法で相手方に意思確認するなどにより判定することとなる。」としています。法律に規定する「持帰りのための容器に入れ、又は包装をして行う譲渡」という結果は、持ち帰るのかどうかを顧客に確認して得られるということでしょう。

また、軽減通達11は、「課税資産の譲渡等の相手方が、店内設備等を利用して食事の提供を受ける旨の意思表示を行っているにもかかわらず、事業者が『持ち帰り』の際に利用している容器に入れて提供したとしても、当該課税資産の譲渡等は飲食料品の譲渡に該当しないのであるから、軽減税率の適用対象とならないことに留意する。」と説明しています。

コンビニエンスストアはイートインコーナーがあってもあらかじめ持帰り用の包装を行っている、客の多くが店内で飲食するファストフード店が店内飲食か持帰りかにかかわらずすべての販売につき持帰り用の包装を行っている等の例もあることを考慮して、このような解釈が示されたものと考えられます。

3 店内飲食か持帰りかは買手が決める

したがって、持帰り用に包装したものが全て軽減税率の対象になるということではありません。店内飲食であるか持帰りであるかは、買手が決めます。事業者は、顧客の意思を確認して税率を判断することになります。

Question46

フードコート

ショッピングセンターのフードコートに出店した場合、飲食設備がある場所において行う食事の提供になりますか。

Answer

1 フードコートへの出店

ショッピングセンターのフードコートにテナントとして出店する場合、客がそのフードコートを利用して飲食することを前提に出店の契約がなされています。

したがって、フードコートのテーブルや椅子はショッピングセンターの所有であり、出店をした事業者自身はそのような設備を有していませんが、ショッピングセンターとフードコートに出店する事業者との間の合意等に基づき、その設備を顧客に利用させることとしている場合には、「飲食設備のある場所において飲食料品を飲食させる役務の提供」に該当します（Q＆A個別事例編問65）。

2 持帰り用に販売した場合

フードコートにおいても、食品を持ち帰りたいと希望する客に対して、食品を持帰りのための容器に入れ、又は包装を施して行う譲渡は、軽減税率の対象となります。つまり、その場で飲食するものには標準税率10％が適用され、持ち帰るものには軽減税率8％が適用されるということです。詳細は、次問以降を参照してください。

> **コラム【なぜ外食を除くのか】**
>
> 軽減税率は、生活必需品の中心となる食品の調達に係る税負担を軽減することを目的にしています。外食サービスの対価は、飲食料品のみではなく、調理や配膳などのサービスに対する対価も含まれており、特に高級レストラン等における飲食を軽減税率の対象とすれば、ぜいたく品をより優遇する結果になるとも考えられ、軽減税率の対象から除かれました。
>
> しかし、サービスの形態は多様であり、飲食料品の販売と外食の区分けが困難になっています。また、調理の能力に乏しい高齢者などは、外食サービスに頼らざるを得ない状況も考えられます。軽減税率と標準税率の境界は、どこで線引きをしても、公正・公平であるとは言えない側面があります。

Question47
ファストフード店におけるテイクアウト

ファストフード店において、「テイクアウト」かどうかはどのように判断するのですか。

Answer

1 顧客の意思確認が必要

店内飲食であるかテイクアウト（持帰り）であるかは、顧客に意思確認するなどの方法により判定することになります（Q＆A個別事例編問58）。

ファストフード店では、店内飲食を希望する顧客に対しては食品をお皿に載せて提供し、持帰りを希望する顧客に対しては持帰り用の包装をした食品を提供するのが一般的です。したがって、従来、このような税率の違いがなくても顧客に対して「こちらで召し上がりますか？」と尋ねていたのではないでしょうか。そうであるとすれば、そのオペレーションの中で適用するべき税率を判断することができます。

2 全ての販売に持帰り用の包装を行った場合

改正法においては、食事の提供には、「持帰りのための容器に入れ、又は包装を施して行う譲渡は、含まない」（平28改法附則34①一イ）とされています。そうすると、多くの客が店内飲食をするファストフード店において、全ての販売につき持帰りの包装を行った場合にはどうなるのでしょうか。

この点について、軽減通達11は、「課税資産の譲渡等の相手方が、店内設備等を利用して食事の提供を受ける旨の意思表示を行っているにもかかわらず、事業者が『持ち帰り』の際に利用している容器に入れて提供したとしても、当該課税資産の譲渡等は飲食料品の譲渡に該当しないのであるから、軽減税率の適用対象とならないことに留意する」としています。

3 セット商品の一部持帰り

例えば、ハンバーガーとドリンクのセット商品の販売について、顧客からドリンクだけを店内飲食すると意思表示された場合、お店は一のセット商品の一部をその場で飲食させるために提供することになります。この場合、そのセット商品の販売は、「食事の提供」に該当し、顧客がドリンク以外を持ち帰ったとしても軽減税率の適用対象となりません（Q＆A個別事例編問60）。ただし、ドリンクとハンバーガーを単品で販売する場合には、持帰りのハンバーガーは軽減税率の適用対象となります。

Question48

コンビニエンスストアにおけるイートインコーナーの利用

コンビニエンスストアにイートインコーナーを設けた場合、食品を購入する全ての顧客にイートインコーナーを利用するかどうか質問しなければならないのですか。

Answer

1 コンビニエンスストアにおける弁当の販売

コンビニエンスストアにおける弁当の販売は、例えば顧客の希望で温めるなどのサービスを行ったとしても、顧客がそれを持ち帰る限り、飲食料品の譲渡に該当し、軽減税率が適用されます。

2 イートインスペースがある場合

ただし、店内のイートインコーナーは飲食設備に該当することから、顧客が購入した飲食料品をイートインコーナーで飲食する場合には、その飲食する物の販売は「食事の提供」となり、軽減税率は適用されません。

3 コンビニエンスストアにおける意思確認の方法

イートインコーナーを設置しているコンビニエンスストアが、食品を購入する全ての顧客に「イートインコーナーを利用しますか」と質問するのは、現実には難しいと考えられます。

そこで大半の商品（飲食料品）が持帰りであることを前提として営業しているコンビニエンスストアにおいては、全ての顧客に店内飲食か持帰りかを質問することを必要とするものではなく、例えば、「イートインコーナーを利用する場合はお申し出ください」等の掲示をして意思確認を行う貼り紙方式によることができます（Q＆A個別事例編問52）。

すなわち、店内飲食か、持帰りであるかの意思確認は、顧客に直接質問する方法に限らず、営業の実態に応じた方法によれば良い、ということです。

日本フランチャイズチェーン協会や、一般社団法人全国スーパーマーケット協会、オール日本スーパーマーケット協会、一般社団法人日本スーパーマーケット協会はこの張り紙方式を推奨しており、レジや店内に貼るポスターを作成しています。

Question49
スーパーマーケットの休憩スペース

スーパーマーケットの休憩スペースでは顧客が飲食をすることも可能ですが、そうすると、スーパーマーケットで販売する総菜などは標準税率になるのでしょうか。

Answer

1 スーパーマーケットの休憩スペース

　スーパーマーケットの休憩スペースは、コンビニエンスストアのイートインコーナーと同様に判断することになります。

　「飲食設備」は、その規模や目的を問いません。飲食施設以外の施設に設置したものであっても、テーブル、椅子、カウンターその他の飲食に用いられる設備であれば、飲食設備となります。したがって、スーパーマーケットの休憩スペースであっても、顧客が飲食をする場合には飲食設備に該当し（軽減通達8）、その休憩スペースにおいて顧客に飲食料品を飲食させる役務の提供は「食事の提供」に該当します（平28改法附則34①一イ、軽減通達10(3)）。

　この場合、顧客に対して店内飲食か持帰りかの意思確認を行う方法について、Q＆A個別事例編問53は、コンビニエンスストアと同様に、「例えば、『休憩スペースを利用して飲食する場合はお申し出ください』等の掲示を行うなど、営業の実態に応じた方法で意思確認を行うこととして差し支えありません。」としています。

2 飲食できない休憩スペース

　「飲食はお控えください」といった掲示を行うなどして実態として顧客に飲食させていない休憩スペースは、飲食設備に該当しません。この場合には、飲食設備のない持帰り販売のみを行う店舗ということになりますから、意思確認は不要となります。

3 休憩スペースの使用実態に注意

　「飲食はお控えください」といった掲示を行っている休憩スペース等であったとしても、実態としてその休憩スペース等で顧客に飲食料品を飲食させているような場合には、その飲食料品の提供は「食事の提供」に当たり、軽減税率の対象となりません（Q＆A個別事例編問53）。

Question50

持ち帰るといって購入した客が店内で飲食した場合

　食品を持ち帰るといって購入した顧客が店内で飲食をした場合には、その状況に応じて適用税率を修正しなくてはいけないのでしょうか。また、その逆は、どうでしょうか。

Answer

1 適用税率の判定時期

　「店内飲食」であるか、又は「持帰り」であるかは、事業者が飲食料品の譲渡等を行う時点で判断することとなります。

2 持ち帰るといって購入した客が店内で飲食した場合

　飲食料品を販売する時点で持ち帰ると意思表示した客が、店内で飲食した場合、その事実によって、標準税率に変更しなければならないのでしょうか。

　答えは、否です。注文等の時点で「店内飲食」か「持帰り」かを判断すれば、その後、顧客がこれを変更しても、その変更によって適用する税率が変更されることはありません（Q＆A制度概要編問11）。したがって、持ち帰るといっておきながらテーブルで飲食している客を発見しても、差額の税を取り立てる必要はありません。

3 店内飲食を希望した客が持帰りに変更した場合

　店内飲食を希望した客が持帰りに変更し、2％分の税額を返金してくれと要求した場合はどうでしょう。その場で飲食するために提供されたものは、その後、客が意思を変更した場合であっても、適用税率は10％ですから返金すべき差額は生じません。しかし、営業上の考慮から返金に応じることは、禁止されていません。返金した場合、その返金は、標準税率の売上げに係る対価の返還となります。

　客が店内飲食をした料理の食べ残しを折り詰めにして持ち帰っても、その部分が「飲食料品の譲渡」に該当するといったことはありません（Q＆A個別事例編問59）。

　ただし、飲食する前であれば、10％の売上げを取り消して、改めて適正に判断した軽減税率による売上げを計上することもできます。

4 価額の設定

　上記のような混乱を避けるため、店内飲食と持帰りの税込価額を同じにするという方法もあります。詳しくは、**Question171**を参照してください。

Question51

持帰りができる回転寿司

回転寿司で、テーブルにおいて顧客が自由にパック詰めにして持ち帰ることができる場合、軽減税率の対象となりますか。

Answer

1 食事中に自由にパック詰めする場合

回転寿司店においては、顧客が食事中に寿司をパック詰めして持ち帰ることがあります。「食事の提供」であるか、又は「持帰り」であるかは、その飲食料品の提供等を行った時点において判断します。したがって、店内で飲食する寿司と区別されずに提供されたものは、その時点で「食事の提供」に該当し、その後、顧客がパック詰めにして持ち帰ることとしても、「飲食料品の譲渡」に該当せず、軽減税率の対象となりません（Q＆A個別事例編問61）。

2 持帰り用として注文した場合

顧客が持帰り用として注文し、パック詰めにして販売するものは、「飲食料品の譲渡」に該当し、軽減税率の対象となります（Q＆A個別事例編問61）。

> **コラム【イートイン脱税】**
>
> 「大辞泉が選ぶ新語大賞2019」に「イートイン脱税」が決定しました。「食品を持ち帰り税率の8パーセントで会計して、イートインで食べること。本来であればその場で食べる場合は税率10パーセントで会計しなければならない。」と解説されています。脱税と言っても、消費者は消費税の納税義務者ではないため、課税処分を受けることはありません。あえて言うならば詐欺罪が成立するでしょうか。ここで、登場するのが「正義マン」。イートイン脱税を監視して店員に告発する常連客です。しかし、告発を受けても、退店を求めたり追加の税を徴収したりするのは困難です。この混乱を想定して、税込価額を一律にする事業者もありますが、この場合には、正しく税率を記録していると証明することが難しくなります（**Question171** 参照）。
>
> 税理士会は、その施策の一つに「租税教育」を掲げています。この言葉を大賞に選ぶコンテストは見つかりません。

Question52

遊園地の売店や自動販売機による販売

遊園地の売店や自動販売機による飲食料品の販売は外食になりますか。

Answer

1 遊園地の売店

　遊園地の売店では飲食料品が販売されています。来園者は園内で食べ歩くほか、園内に点在するベンチで飲食することもあります。

　顧客に飲食させる「飲食設備」とは、個々のテーブルや椅子等の飲食に用いられる設備を指すのであり、遊園地といった施設全体を指すものではありません。

　したがって、売店にとっての「飲食設備」は、例えば、売店のそばに設置したテーブルや椅子など、売店の管理が及ぶものが該当し、園内に点在している売店の管理が及ばないベンチ等は、その売店にとっての飲食設備に該当するものではありません。顧客が飲食料品を園内において食べ歩く場合や、売店の管理の及ばない園内に点在するベンチで飲食する場合は、売店にとっては、単に飲食料品を販売しているにすぎないことから、「飲食料品の譲渡」に該当し、軽減税率が適用されます。

　ただし、売店の管理が及ぶテーブルや椅子などで顧客に飲食料品を飲食させる場合は、「食事の提供」に該当し、標準税率が適用されます。その売店の管理が及ぶテーブルや椅子などがある場合には、そのテーブルや椅子で飲食できるものの販売の際に、顧客に対して、その場で飲食するかどうかの意思確認を行うなどにより適用税率を判定することとなります（Q＆A個別事例編問68）。

2 自動販売機による飲食料品の販売

　自動販売機により行われるジュースやお菓子等の販売は、単に飲食料品を販売するものであることから、軽減税率が適用されます（平28改法附則34①一、軽減通達6、Q＆A個別事例編問33）。

3 自動販売機の手数料

　飲料メーカーに清涼飲料の自動販売機を設置させ、飲料メーカーから、自動販売機による清涼飲料の販売数量等に応じて計算された販売手数料を受領する場合、その手数料は、自動販売機の設置等に係る対価として支払いを受けるものです。その手数料は、その対価の額が販売数量等に応じて計算されるものであったとしても、飲食料品の譲渡ではありませんから、軽減税率の適用対象ではありません（Q＆A個別事例編43）。

Question53

ホテルでの宴会、ルームサービス、冷蔵庫内の飲料

ホテルの宴会場や、会議室等で行われる飲食料品の提供は、軽減税率の対象となりますか。また、ホテルのルームサービスはどうでしょうか。

Answer

1 ホテルの宴会

飲食設備のある場所において飲食料品を飲食させる役務の提供は、軽減税率の対象となりません。ホテルが、宴会場や会議室等で行う飲食料品の提供は、「食事の提供」に該当し、標準税率が適用されます（平28改法附則34①一イ、軽減通達10(1)）。

2 ルームサービス

ホテル等の客室から、ホテル等が直接運営するレストランやテナントであるレストランに対して飲食料品を注文し、そのレストランが客室に飲食料品を届ける、いわゆるルームサービスは、ホテル等の客室内のテーブル、椅子等の飲食設備がある場所において飲食料品を飲食させる役務の提供であり、「食事の提供」に該当し、軽減税率の対象となりません（Q＆A個別事例編問72）。

3 客室の冷蔵庫内の飲料

ホテル等の客室に備え付けられた冷蔵庫内の飲料を販売する場合は、単に飲食料品を販売するものですから、飲食料品を飲食させる役務の提供ではありません。「飲食料品の譲渡」に該当し、軽減税率の対象となります（Q＆A個別事例編問73）。

ただし、ビールや日本酒、ウイスキーなど、アルコール分１度以上の飲料の販売には、標準税率が適用されます（平28改法附則34①一）。

4 ホテルの売店

ホテルの売店におけるサンドイッチやソフトドリンクの販売は、たとえ顧客が客室で飲食する目的で購入したとしても、「飲食料品の譲渡」に該当し、軽減税率の対象となります。

ただし、ホテルが経営する売店が客室での飲食用として販売する場合や、テナントがホテルとの合意によりその飲食設備となる客室での飲食用として販売する場合には、各別に、食事の提供に該当するかどうかの判断が必要であると考えられます。

Question54

列車内の弁当の販売、映画館売店の飲み物等の販売

列車内を移動するワゴンで弁当や飲み物を販売した場合や、映画館の売店でポップコーンやドリンクを販売した場合はどうなりますか。

Answer

1 列車内の弁当の販売

旅客列車の施設内に設置された売店や移動ワゴン等による弁当や飲み物等の販売は、原則として飲食料品の譲渡に該当し、軽減税率の適用対象となります（軽減通達10（注）2）。

ただし、次のイ、ロのように、その列車内の座席等で飲食させるために提供していると認められる場合は、軽減税率の対象となりません。

> イ　座席等で飲食させるための飲食メニューを座席等に設置して、顧客の注文に応じてその座席等で行う食事の提供
> ロ　座席等で飲食するため事前に予約を受けて行う食事の提供

なお、列車内の食堂施設において行われる飲食料品の提供は、「飲食設備のある場所において飲食料品を飲食させる役務の提供」ですから、標準税率となります（平28改法附則34①一イ、軽減通達10(5)、Q＆A個別事例編問69）。

2 映画館の売店での飲み物等の販売

映画館内に設置された売店で行われる飲食料品の販売は、単に店頭で飲食料品を販売しているものですので、「飲食料品の譲渡」に該当し、軽減税率の適用対象となります。

ただし、売店のそばにテーブル、椅子等を設置して、その場で顧客に飲食させている場合には、「食事の提供」に該当し、持帰りによる販売である場合を除き、軽減税率の適用対象となりません（軽減通達10(4)）。

持帰りの販売かどうかは、ファストフード店における判断と同じです。

また、上記イ、ロのように、その映画館の座席で飲食させるために提供していると認められる場合は、軽減税率の対象となりません（平28改法附則34①一イ、軽減通達10（注）2、Q＆A個別事例編問71）。

Question55

コーヒーチケット

10枚つづりのコーヒーチケットを販売する喫茶店です。チケットは出前にも利用することができますが、軽減税率の対象となりますか。

Answer

1 コーヒーの提供時に課税売上げを認識する場合

コーヒーチケット（物品切手）の発行は、消費税の課税の対象外です（消基通6-4-5）。そのコーヒーチケットと引換えにコーヒーを提供した時に消費税の課税の対象となります（消基通9-1-22）。したがってチケット販売の時ではなく、コーヒーを提供する時点で判断し、店内飲食には標準税率を適用し、出前には軽減税率を適用することになります。店内飲食と出前の税込価格を一律に設定している場合（店内飲食と出前の共用のコーヒーチケットである場合）は、顧客がどちらを選択するかによって、本体価格が変化することになります。

しかし、例えば、本体価格を1,000円と決め、店内飲食は1,100円、出前は1,080円とする価格設定では、税率の区分に対応することができません。店内飲食と出前とを異なる価格に設定する場合には、それぞれ別々のチケットを販売するしかないと考えられます。

＊ 価格の設定については、**Question171** を参照してください。

2 コーヒーチケットの販売時に課税売上げを認識する場合

1のようなコーヒーチケットの売上計上を課税対象外とし、コーヒーの提供時に課税売上げを認識する方法では事務が煩雑になることから、継続適用を要件に、コーヒーチケットを発行した時点で売上計上と合わせて消費税の課税の対象とする方法が認められています。実務的には、こちらの処理を選択している場合がほとんどです。

この場合には、店内飲食と出前の共用のコーヒーチケットでは、適用税率を判定することはできません。

Q＆A個別事例編問57は、持帰りもできるコーヒーチケットの販売について、「例えば、店内飲食用のチケットと持ち帰り用のチケットを区分して発行するといった対応も考えられます」としています。

現実には、軽減税率の導入にあたり、コーヒーチケットは店内飲食のみに使用できることとし、持帰りの場合にはチケットを利用することができないこととした店舗もあります。

Question56
食券方式の食堂

　食券方式の食堂です。顧客には、料理を提供する時点で、店内飲食か持帰りかを選択してもらい、それに応じた包装を行います。税率はどうなりますか。

Answer

1 食券方式の食堂
　店頭に設置した自動券売機において食券を販売し、その食券に記載された料理を提供する食堂があります。数量管理及び金銭管理の省力化、人員不足の解消、無銭飲食の防止等を図ることができます。
　消費税の課税関係を考えてみると、前問のコーヒーチケットと同様に、食券の販売は課税対象外となり、その食券と引換えに行う料理の提供が課税資産の譲渡等になります。しかし、そのような処理は現実的ではありません。ほとんど同時に行われる食券の販売と料理の提供とを分ける必要はなく、食券の販売を課税資産の譲渡等としています。
　この場合にも、店内飲食用の食券と持帰り用の食券とを区分して発行するといった対応が必要であると考えられます。

2 食券方式の次世代
　食券方式の次世代は、タッチパネルメニューによるオーダーとキャッシュレス決済を組み合わせたシステムであるといえるでしょう。
　オーダーやレジでの支払いを煩わしく感じる顧客のニーズがあり、今後の普及が見込まれています。
　事業者にとっては、従来の食券方式のメリットに加え、商品別数量の販売状況や在庫の状況がリアルタイムにデータ化され、日報などの帳票が瞬時に作成できるというメリットがあり、経営効率が向上することになります。飲食の履歴から売れ筋商品の傾向を分析するなど商品開発にも役立ちます。
　タッチパネルメニューであれば、パソコン等による簡単な操作で、商品の追加や価格の変更、食数制限、メニュー画面の配置など、内容を追加し変更することができます。
　したがって、随時、消費税の複数税率に対応したメニューを設定することができます。

Question57

ケータリング

軽減税率の対象とならないケータリングの範囲について、説明してください。

Answer

1 現場で調理や給仕を行う場合

　軽減税率の対象とならないケータリングとは、課税資産の譲渡等を行う事業者が、相手方が指定した場所に食材等を持参して調理を行って提供する場合や、調理済みの食材を相手方が指定した場所で加熱して温かい状態で提供するなど、料理を届けるだけにとどまらない、現場での役務を伴う飲食料品の提供をいいます。

ケータリング
課税資産の譲渡等の相手方が指定した場所において行う加熱、調理又は給仕等の役務を伴う飲食料品の提供
＊　有料老人ホームその他の人が生活を営む施設において行う飲食料品の提供を除く。

2 具体例

　具体的には、次のような場合が「ケータリング」に該当します（軽減通達12）。

① 　相手方が指定した場所で持参した食材等を調理して提供する場合
② 　相手方が指定した場所で調理済みの食材を加熱して温かい状態で提供する場合
③ 　相手方が指定した場所で飲食料品の盛り付けを行う場合
④ 　相手方が指定した場所で飲食料品が入っている器を配膳する場合
⑤ 　相手方が指定した場所で飲食料品の提供とともに取り分け用の食器等を飲食に適する状態に配置等を行う場合

3 家事の代行

　顧客の自宅で料理の代行を行う役務の提供には、標準税率が適用されます。食材を持ち込む場合も、調理を行って飲食料品を提供するサービスはケータリングに該当し、軽減税率の対象となりません（Q＆A個別事例編問76）。

Question58

盛り付けと取り分け

盛り付けと取り分けの違いは、税率の判定に影響するのですか。

Answer

1 盛り付け

前問のとおり、「相手方が指定した場所で飲食料品の盛り付けを行う場合」は、ケータリングに該当し、軽減税率の適用対象となる「飲食料品の譲渡」に該当しません（平28改法附則34①一ロ、軽減通達12）。

盛り付けという行為は、飲食のための役務の提供であると判断されています。

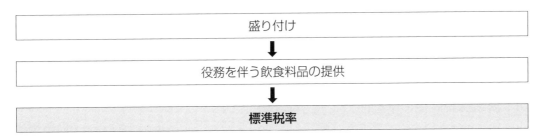

2 取り分け

他方、「飲食料品の譲渡」に通常必要な行為である容器への「取り分け」は、盛り付けではありません。持帰り用の包装を行うのと同じ位置付けです。

例えば、飲食施設のない売店がポットに入ったコーヒーをカップ一杯100円で販売する場合に、コーヒーを持帰り用のカップに注ぐ行為は、飲食料品の譲渡に通常必要な行為です。また、味噌汁付弁当の販売・配達を行う場合に、配達先で味噌汁を取り分け用の器に注ぐ行為も、盛り付けではなく、「飲食料品の譲渡」に通常必要な行為であるといえます。この場合の味噌汁付弁当の販売の全体が軽減税率の適用対象となります（Q&A個別事例編問79）。

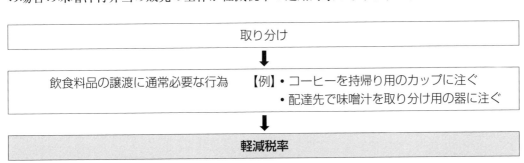

Question59

出前、ピザの宅配

出前やピザの宅配は、ケータリングに該当し、標準税率となりますか。

Answer

1 出前

相手方が指定した場所で加熱、調理又は給仕等の役務を一切伴わない出前は、「飲食料品の譲渡」に該当し、軽減税率の適用対象となります（軽減通達12、Q＆A個別事例編問77）。

2 宅配ピザ

相手方が指定した場所で加熱、調理又は給仕等の役務を一切伴わないピザの宅配は、「飲食料品の譲渡」に該当し、軽減税率の適用対象となります（軽減通達12、Q＆A個別事例編問77）。

3 簡易課税制度の事業区分と税率の判定

簡易課税制度は、第1種事業（卸売業）、第2種事業（小売業）、第3種事業（製造業等）、第5種事業（サービス業等）及び第6種事業（不動産業）以外の事業を第4種事業としています。飲食店業は、第4種事業となります。

出前とは、飲食店が客の指定した場所に飲食物を届けるという飲食店のサービスのひとつです。したがって、簡易課税制度の事業区分においては、出前は、飲食店の本来のサービスの延長線上にあるサービスとして飲食店業に区分します。

しかし、税率の判断は、簡易課税制度の事業区分とは別に、「課税資産の譲渡等の相手方が指定した場所において行う加熱、調理又は給仕等の役務を伴う飲食料品の提供」であるかどうかにより判断します。相手方が指定した場所で加熱、調理又は給仕等の役務を一切伴わない出前は、飲食料品の譲渡に該当することになります。

他方、飲食設備を設置しないピザの宅配事業はそもそも飲食店業ではありませんから、ピザの宅配は、自己が製造したピザを店頭販売に代えて客が指定した場所に届ける形式の販売であるということになります。したがって、簡易課税制度では第3種事業（製造業等）に該当し、適用する税率は軽減税率となります。

Question60

老人ホームの給食、病院食

老人ホームが入居者に提供する給食の税率は、どうなりますか。

Answer

1 老人ホームでの食事の提供

　有料老人ホームにおいて提供される給食は、これらの施設で日常生活を営む者（入居者）の求めに応じて、その施設の設置者等が調理等をして提供するものですから、外食又はケータリングサービスに該当します。

　しかし、こうした給食等は、その都度自らの選択で受けるものではなく、日常生活を営む場において他の形態で食事をとることが困難なことから、施設の設置者等が提供する飲食料品を食べざるを得ないという面があります。

　そこで、有料老人ホームにおける食事の提供は、軽減対象資産の譲渡等とされています。

2 ケータリングから除かれる範囲

　具体的には、次の給食は、軽減税率の対象となります（平28改法附則34①一ロ、平28改令附則3②）。

施設	軽減税率の対象となる飲食料品の提供 ((1)(2)参照)
有料老人ホーム（老人福祉法29①）	有料老人ホームの設置者又は運営者が、入居者（(3)参照）に対して行う飲食料品の提供
サービス付き高齢者向け住宅（高齢者の居住の安定確保に関する法律5①）	サービス付き高齢者向け住宅の設置者又は運営者が入居者に対して行う飲食料品の提供

(1) 次の基準が設けられています。

〔一食当たりの基準額〕

　飲食料品の提供の対価の額（税抜）が一食につき640円以下

〔一日当たりの上限額〕

　同一の日に同一の者に対する飲食料品の提供の対価の額（税抜）の累計額が1,920円に達するまで

　一日当たりの上限額の算定は、原則として、その日の一番初めに提供される食事の対価の額から累計して判定することになりますが、各施設の設置者等が、算定対象となる

飲食料品の提供をあらかじめ書面により明らかにしている場合には、当該明らかにしている飲食料品の提供の対価の額の累計額によって一日当たりの上限額を判定することも可能とされています。

(2) 有料老人ホーム等で提供される食事のうち介護保険サービスの一環として提供されるものは、（介護保険給付の対象ではありませんが）原則として消費税の非課税対象となります。自己選定による特別な食事に当たる部分については非課税対象から除かれ、標準税率が適用されます。

(3) 有料老人ホームとは、老人を入居させ、入浴、排せつ若しくは食事の介護、食事の提供又はその他の日常生活上必要な便宜の供与を行う施設を広く指すことから（老人福祉法29①）、その施設の入居者の中には老人以外の者も含まれ得ます。そのため、軽減税率の対象となる給食等の提供を受けることができる有料老人ホームの入居者の範囲について、サービス付き高齢者向け住宅の入居要件を参考として、次の基準が設けられています（平28改規附則6）。

① 60歳以上の者
② 要介護認定又は要支援認定を受けている60歳未満の者
③ ①又は②に該当する者と同居している配偶者（事実上婚姻関係にある者を含みます。）

3 病院食

健康保険法等の規定に基づく入院時食事療養費に係る病院食の提供は、非課税とされています（消法6①、消法別表1六、消令14）。

他方、患者の自己選択による特別メニューの食事の提供は、非課税となりません。これは、病室等で役務を伴う飲食料品の提供を行うものですから、標準税率が適用されます（平28改法附則34①一ロ、Q&A個別事例編問82）。

健康保険法等の規定に基づく入院時食事療養費に係る病院食の提供は非課税、そうでないものは標準税率10％が適用される課税資産の譲渡等となります。

Question61

学校給食と学生食堂

学校給食には軽減税率が適用されるということですが、学生食堂や企業の社員食堂についても軽減税率が適用されますか。

Answer

1 学校給食

学校は、児童又は生徒の生活の場であり、学校給食は、自由に選択して提供を受けるサービスではありませんから、「外食」とはいえない側面があるため、軽減対象課税の譲渡等とされています。

具体的には、次の給食は、ケータリングから除かれ、軽減税率の対象となります（平28改法附則34①一ロ、平28改令附則3②、Q＆A制度概要編問10）。

施設	軽減税率の対象となる飲食料品の提供（(1)参照）
義務教育諸学校（学校給食法3②）の施設（(2)参照）	義務教育諸学校の設置者が、その児童又は生徒の全て（(3)参照）に対して学校給食として行う飲食料品の提供
夜間課程を置く高等学校（夜間課程を置く高等学校における学校給食に関する法律2）の施設	高等学校の設置者が、夜間課程で教育を受ける全ての生徒（(3)参照）に対して夜間学校給食として行う飲食料品の提供
特別支援学校の幼稚部又は高等部（特別支援学校の幼稚部及び高等部における学校給食に関する法律2）の施設	特別支援学校の設置者が、その幼児又は生徒の全て（(3)参照）に対して学校給食として行う飲食料品の提供
幼稚園（学校教育法1）の施設	幼稚園の設置者が、その幼児の全て（(3)参照）に対して学校給食に準じて行う飲食料品の提供
特別支援学校の寄宿舎（学校教育法78）	寄宿舎の設置者が、寄宿する幼児、児童又は生徒に対して行う飲食料品の提供

(1) 次の基準が設けられています。

〔一食当たりの基準額〕

　飲食料品の提供の対価の額（税抜）が一食につき640円以下

〔一日当たりの上限額〕

　同一の日に同一の者に対する飲食料品の提供の対価の額（税抜）の累計額が1,920円に達するまで

一日当たりの上限額の算定は、原則として、その日の一番初めに提供される食事の対価の額から累計して判定することになりますが、各施設の設置者等が、算定対象となる飲食料品の提供をあらかじめ書面により明らかにしている場合には、当該明らかにしている飲食料品の提供の対価の額の累計額によって一日当たりの上限額を判定することも可能とされています。

(2)　義務教育諸学校とは、小学校、中学校、義務教育学校、中等教育学校の前期課程又は特別支援学校の小学部若しくは中学部をいいます（学校給食法3②）。

(3)　アレルギーなどの個別事情により全ての児童又は生徒に対して提供することができなかったとしても軽減税率の適用対象となります（Q&A制度概要編問10）。

2 学生食堂

　学生食堂は、学生に対する支援という趣旨があったとしても、学校給食のように、その学校の設置者が、その児童又は生徒の全てに対して給食として行う飲食料品の提供を行うものではないので、標準税率が適用されます（Q&A個別事例編問81）。

3 社員食堂

　企業の社員食堂についても、福利厚生の趣旨等があったとしても、軽減税率は適用されません（Q&A個別事例編問49）。

Question62

飲食料品の通信販売

通信販売による飲食料品の販売は、軽減税率の対象となりますか。

Answer

1 飲食料品の通信販売

カタログやインターネット等を利用した通信販売であっても、販売する商品が「飲食料品」に該当する場合には、「飲食料品の譲渡」に該当し、軽減税率の対象となります（Q＆A個別事例編問34）。

2 送料

飲食料品の譲渡に要する送料は、飲食料品の譲渡の対価ではないので、軽減税率の対象となりません。

ただし、別途送料を求めずに、送料込みの販売価額を設定して行う飲食料品の通信販売は、その全体が軽減税率の対象となります（Q＆A個別事例編問39）。

3 通信販売に係る経過措置の対象である場合

消費税率の引上げに伴い、平成31年3月31日までにその販売価格の条件を提示し、又は提示する準備を完了した場合において、令和元年9月30日までに申込みを受け、提示した条件に従って行う商品の販売は、通信販売に係る経過措置の対象です。しかし、「飲食料品の譲渡」には、この経過措置は適用されません。

したがって、旧税率ではなく、軽減税率が適用され、消費税率6.24％、地方消費税率1.76％で合計8％となります（Q＆A個別事例編問34）。

Question63

有料のラッピング、持帰りのための容器、保冷剤

食料品の販売に際して、顧客の希望に応じて有料のラッピングを行っています。ラッピング代も含めて軽減税率を適用してもよいでしょうか。

Answer

1 有料のラッピング

有料でラッピングを行う場合は、飲食料品とは別に、包装材料等の譲渡する又は包装材料等を使用したラッピングという役務を提供するということにとなり、そのラッピング代には標準税率10％が適用されます（Q＆A個別事例編問25）。

2 無料のラッピング

飲食料品の譲渡に際して贈答用のラッピングを行った場合であっても、包まれている食品を取り出した後に当然に廃棄されるような包装材料等を無料で提供する場合には、その商品代金の全体が飲食料品の代金となります（Q＆A個別事例編問25）。

なお、包装材料の仕入れは、標準税率です（Q＆A個別事例編問29）。

3 有料の持帰りのための容器

持帰りのための容器につき別途対価を定めている場合には、その容器の料金には軽減税率は適用されません。

4 保冷剤を付けた洋菓子の販売

保冷剤をつけてケーキやプリンを販売した場合、保冷剤が無償であれば、その商品代金の全体が飲食料品の代金となります。保冷剤について別途対価を徴している場合には、その保冷剤の料金には標準税率が適用されます（Q＆A個別事例編問31）。

5 割りばしやおしぼりをセットにした弁当の販売

割りばし、よう枝、スプーン、おしぼりを付帯して弁当等を販売する場合、これらの食器具等が、その弁当等の飲食後に再利用させることを前提に付帯しているものではなく、その飲食料品を飲食する際にのみ用いられるものである場合には、その弁当等の販売の対価の全部に軽減税率が適用されます（Q＆A個別事例編問28）。

Question64

無料の持帰りのための容器

持帰りのための容器代を食品の代金に含めて請求すれば、軽減税率の対象となりますか。

Answer

1 「通常必要なものとして使用される包装材料等」である場合

持帰りのための容器につき別途対価を徴収しない場合には、その容器が飲食料品の販売に付帯して通常必要なものとして使用されるものであるときは、その容器も含め軽減税率の対象となる「飲食料品の譲渡」に該当します。

「通常必要なものとして使用されるもの」とは、飲食料品の販売に付帯するものであり、通常、飲食料品が費消され又はその飲食料品と分離された場合に不要となるようなものが該当します。

(1) 桐の箱の容器

高額な飲食料品については、高価な容器に入れられて販売されることがあります。例えば、高額のメロンを専用の桐の箱に入れて販売するような場合です。このような場合には、桐の箱にその商品の名称などを直接印刷等して、その飲食料品を販売するためにのみ使用していることが明らかなときは、その飲食料品の販売に付帯して通常必要なものとして使用されるものに該当するものとして取り扱って差し支えありません（軽減通達3、Q＆A個別事例編問27）。

(2) キャラクターを印刷した缶箱

飲食料品の販売に際して付帯するビニール袋、プラスチック容器、紙箱、缶箱等は、購入者によっては再利用されることがありますが、通常、販売者は、これらの包装材料等を、他の用途に再利用させることを前提としていないと考えられます。したがって、お菓子等の容器である缶箱等にキャラクターを印刷していても、基本的には、その販売に付帯して通常必要なものとして使用されるものに該当します。

ただし、例えば、その形状や販売方法等から、装飾品、小物入れ、玩具など、顧客に他の用途として再利用させることを前提として付帯しているものは、通常必要なものとして使用されるものに該当せず、その商品は、「一体資産」に該当します（Q＆A個別事例編問26）。

2 「通常必要なものとして使用される包装材料等」でない場合

　例えば、陶磁器やガラス食器等の容器のように飲食の用に供された後において食器や装飾品等として利用できるものを包装材料等として使用しており、食品とその容器をあらかじめ組み合わせて一の商品として価格を提示し販売している場合には、その商品は「一体資産」に該当します（改正法附則34①一、軽減通達3）。

Question65

一体資産とは

一体資産とは何ですか。

Answer

1 複数税率の存在

消費税の税率が複数存在すると、軽減税率が適用されるものと標準税率が適用されるものを組合わせて一つの商品とした場合に、その商品には、軽減税率又は標準税率のどちらを適用するべきかという問題が生じます。

これについては、「一体資産」という概念で整理することになります。

2 一体資産とは

食品と食品以外の資産があらかじめ一の資産を形成し、又は構成しているものであって、その一の資産に係る価格のみが提示されているものを「一体資産」といいます（平28改法附則34①一、平28改令附則2一）。

一体資産
次の要件のいずれも満たすもの ① 食品と食品以外の資産があらかじめ一の資産を形成し、又は構成している。 ② その一の資産に係る価格のみが提示されている。

食器として再利用できる陶器に入れて販売する洋菓子は一体資産です。菓子と玩具で構成されている「食玩」や、食品と食品以外のものが入っている福袋も、一体資産となります。

軽減対象資産の譲渡等とそれ以外の資産の譲渡等とを併せて行う一括譲渡であれば、その資産ごとに税率を適用することになります。しかし、一体資産は、その全体に対して、一つの税率を適用します。

Question66

一体資産の税率

食品と食品以外をセットにして一つの商品とした場合、税率はどうなりますか。

Answer

1 原則として標準税率

一体資産の譲渡には、原則としてその全体に標準税率10％が適用されます（平28改法附則34①一、平28改令附則2一）。

これは、食品以外の資産を食品と抱き合わせた場合に、その譲渡の全体に軽減税率を適用することとすれば、租税回避的な商品の組成を助長することになる恐れがあるからです。

2 所定の要件に該当すると軽減税率

ただし、少額で食品の占める割合が大きい、例えば「食玩」のようなものについてまで厳格な取扱いを貫くと、一般消費者の理解を得られないと考えられます。そこで、次のいずれの要件も満たす場合には、その一体資産は飲食料品の範囲に含め、その譲渡全体に軽減税率を適用することとされています（平28改法附則34①一、平28改令附則2一）。

① 一体資産の譲渡の対価の額（税抜価額）が1万円以下であること
② 一体資産の価額のうちに当該一体資産に含まれる食品に係る部分の価額の占める割合として合理的な方法により計算した割合が3分の2以上であること

食品と食品以外で構成された一体資産

原則として、標準税率10％を適用

税抜価額が1万円以下で、かつ、食品の価額の割合が3分の2以上である場合には、軽減税率8％を適用

Question67

一体資産に占める食品の割合

一体資産に占める食品の割合は、何を基準に判断すればよいのですか。

Answer

1 合理的と認められる割合

「合理的な方法により計算した割合」とは、事業者の販売する商品や販売実態等に応じ、合理的に計算した割合であればよく、例えば、次の割合が該当します（軽減通達5）。

- 一体資産の譲渡に係る売価のうち、合理的に計算した食品の売価の占める割合
- 一体資産の譲渡に係る原価のうち、合理的に計算した食品の原価の占める割合

(1) 売価の割合による場合

①単品で販売するもののセット商品

単品で販売するものを組合わせたセット商品については、食品の価額の占める割合は、それぞれの売価の割合により、合理的に計算することができます。

②単品売価があるものとないもののセット商品

単品で販売する売価があるものと単品では販売しないものとをセットにした場合、食品の価額の占める割合は、原則として原価を基準に計算する方法が合理的であるといえます。

ただし、例えば、税抜価格500円のティーカップと単品では販売しないハーブティとをセットにして税抜価格1,500円で販売する場合、セット商品の売価1,500円から実際に販売されているティーカップの売価500円を控除した後の残額をハーブティーの売価とすることにより合理的に計算できる場合には、それによることができます（Q＆A個別事例編問95）。

(2) 原価の割合による場合

①付随費用

食品の価額の占める割合を原価の割合により計算する場合、次のいずれかの方法によることができます（Q＆A個別事例編問94）。

- 商品の仕入価格のみで計算する方法
- 商品の仕入価格とそれぞれの商品の仕入れに要するものとしてあん分した付随費用との合計額で割合を計算する方法

例えば、食品と食品以外の資産の仕入れに共通して要した付随費用を食品の原価にのみ加算して計算することや、付随費用のみで計算することは、合理的であるとはいえません。ただし、食品の仕入れにのみ付随費用を要した場合には、食品の原価にのみ付随費用を加算して計算して差し支えありません。

②前課税期間の実績

　原価が日々変動するなど計算が困難なときは、前課税期間における原価の実績等により合理的に計算された割合とすることができます。

(3) 合理的な割合が不明な小売事業者等

　小売業や卸売業等を営む事業者が、一体資産に該当する商品を仕入れて販売する場合には、食品部分の売価や原価を算定することは困難です。このような場合には、販売する対価の額（税抜）が１万円以下であれば、その課税仕入れのときに仕入先が適用した税率をそのまま適用することができます（Q＆A個別事例編問96）。

　販売する対価の額（税抜）が１万円を超えるときは、標準税率を適用します。

2 合理的と認められない割合

　売価又は原価と何ら関係のない、例えば、重量・表面積・容積等といった基準のみにより計算した割合は、合理的な方法により計算した割合とは認められません（軽減通達5）。

Question68

1万円以下の判定

一体資産の価額が1万円以下であるかどうかは税抜価格によるのですか。

Answer

1 1万円以下の判定単位

　一体資産の価額が1万円以下であるかどうかは、一体資産1個当たりの価額によります。例えば、卸売業者が小売事業者に対してロット単位で商品を販売しているような場合、そのロット単位の取引額ではなく、商品1個当たりの金額で判定します。

2 1万円以下は税抜で判定

　1万円以下であるかどうかの判定は、課税標準額となる本体の価額によることとされています（平28改令附則2一）。

3 値引き等があった場合

　時価や希望小売価格ではなく、現実に対価として収受した金額です。
　値下げ販売やポイント利用等による値引き販売を行った場合には、その値引き等を行った後の現実の譲渡の対価によります。定価が1万円を超えるものであっても、値引きにより1万円以下となれば、軽減税率が適用されます。値引きを行う際には、税率の適用関係が流動的になるという点に注意する必要があります。

4 税込では1万800円以下

　食品の価額の占める割合が2／3以上である場合、税抜価額が10,000円であれば軽減税率8％が適用されその税込価額は10,800円となり、税抜価額が10,001円であれば標準税率10％が適用されその税込価額は11,001円となります。
　したがって、税抜価額による判定では、税込価額10,801円から11,000円までの一体資産は存在しないことになります。しかし、消費者向けの商品は税込で価格設定を行う場合も多く、税込価額10,801円から11,000円の一体資産の税率が問題となります。
　この問題について、国税庁は、税込価額10,800円以下の場合に軽減税率の対象になると判断しているようです。したがって、税込価額10,801円から11,000円までの一体資産は、本体価額が1万円以下であるけれど軽減税率の対象とならないということになり、レシートに本体価額を記載する場合には、混乱が生じないように配慮する必要があります。

Question69

税込10,801円から10,998円の価格設定を避ける

税込で価格設定する場合の留意点を教えてください。

Answer

1 本体価額と消費税等の額の逆転現象

10,801円から10,998円までの税込価額は、10,800円と比べて、顧客の支払が増加する以上に税額が増加するという逆転現象が起こります。税込で価格設定する場合には、避けるべき価額帯です。

≪税込で価格設定した一体資産の適用税率と本体価額≫

税込価額	適用税率	本体価額	消費税等
10,800円	軽減税率　 8％	10,000円	800円
10,801円	標準税率　10％	9,820円	981円
10,802円	標準税率　10％	9,820円	982円
〜	〜	〜	〜
10,998円	標準税率　10％	9,999円	999円
10,999円	標準税率　10％	10,000円	999円
11,000円	標準税率　10％	10,000円	1,000円

＊　本体価額の計算に当たっては、税額の端数を切捨処理して算出しています。したがって税込価額10801円である場合の本体価額計算は次のようになります。
　　10,801円×10／110＝981.90…円　→981円　10,801円−981円＝9,820円

2 政府は税込の価格設定を推奨

政府は、「価格設定についてのガイドライン」（**Question170**参照）を公表して、消費税率の引上げにこだわらず自由な時期に価格改定を行うことを推奨しています。

自由な時期に価格改定を行うためには、税込みによる設定が前提となります。税抜で価格設定をした場合には、必然的に税率引上げの日に税込価格の改定となるからです。

Question70

一体資産と一括譲渡

一体資産に該当するかどうかは、どのように判断するのですか。

Answer

1 一体資産の要件

一体資産であるかどうかは、次の①②の要件に該当するかどうかによって判断します（平28改法附則34①一、平28改令附則2一）。

① 食品と食品以外の資産があらかじめ一の資産を形成し、又は構成している
② その一の資産に係る価格のみが提示されている

2 一体資産に該当しないもの

次のような場合は、一体資産に該当しません（軽減通達4）。

食品と食品以外の資産を、例えば「よりどり3品△△円」とし、顧客が自由に組み合わせることができるようにして販売している場合	食品と食品以外の資産を組み合わせた一の詰め合わせ商品について、構成する個々の商品の価格を内訳として提示している場合
↓	↓
上記①の「食品と食品以外の資産があらかじめ一の資産を形成し、又は構成している」という要件に欠ける	上記②の「その一の資産に係る価格のみが提示されている」という要件に欠ける
↓	↓
一体資産ではない（一括譲渡に該当する）	一体資産ではない（一括譲渡に該当する）

一体資産に該当しない食品と食品以外の一括譲渡は、その対価の額を合理的に区分して、食品部分には軽減税率を、食品以外の部分には標準税率を適用することになります。

> **コラム【一体資産のルーツはグリコのキャラメル】**
> 一体資産に軽減税率を適用する特例は、菓子とおもちゃにより構成されているいわゆる食玩をどのように取り扱うか、という観点から生まれました。そう、グリコのキャラメルです。
> 食品以外の資産に軽減税率が適用されることを防止することも大切だけれど、少額の菓子におまけのおもちゃが付いている程度なら、全体が軽減税率でいいではないか、ということです。

第2章 軽減税率の対象

Question71

母の日のギフト

カーネーションとカステラをセットにした母の日のギフト商品を販売していますが、軽減税率が適用されますか。

Answer

1 一体資産の判定

カーネーションとカステラをセットにした母の日のギフト商品が、次の要件に該当する場合は、一体資産となります（平28改法附則34①一、平28改令附則2一）。

> ① 食品と食品以外の資産があらかじめ一の資産を形成し、又は構成している
> ② その一の資産に係る価格のみが提示されている

構成しているカーネーションやカステラの価格を内訳として提示しているものや、セットの内容を顧客が選択できるものは、一体資産ではありません。

2 税率の判定

(1) 一体資産である場合

母の日のギフトが一体資産に該当する場合には、そのギフト商品には、原則として、標準税率10％が適用されます。

ただし、ギフト商品の税抜価額が1万円以下（税込価額が1万800円以下）で、合理的に算出したカステラの価額の占める割合が3分の2以上である場合には、そのギフト商品の全部に軽減税率が適用されます。

(2) 一体資産でない場合

母の日のギフトが一体資産に該当しない場合は、軽減対象資産と標準税率が適用される資産を一括して販売するに過ぎないこととなりますから、それぞれの対価の額を合理的に区分してそれぞれの税率を適用することになります。

Question72

ジュースとビールの詰め合わせ

お中元やお歳暮等の贈答用として、ジュースとビールのセット商品を販売しています。ビールの割合が1/3以下なら、ビールも含めて軽減税率が適用されますか。

Answer

1 一体資産の判定

ジュース（食品）とビール（食品以外）のセット商品は、次の要件に該当する場合は、一体資産となります（平28改法附則34①一、平28改令附則2一）。

① 食品と食品以外の資産があらかじめ一の資産を形成し、又は構成している
② その一の資産に係る価格のみが提示されている

2 税率の判定

(1) 一体資産である場合

セット商品が一体資産に該当する場合には、そのセット商品には、原則として、標準税率10％が適用されます。ただし、セット商品の税抜価額が1万円以下（税込価額が1万800円以下）で、合理的に算出したジュースの価額の占める割合が3分の2以上である場合には、そのセット商品の全部に軽減税率が適用されます。

(2) 一体資産でない場合

セット商品が一体資産に該当する場合しない場合は、軽減対象資産と標準税率が適用される資産を一括して販売するに過ぎないこととなりますから、それぞれの対価の額を合理的に区分してそれぞれの税率を適用することになります。

3 税率のコントロール

このセット商品は、事業者による税率のコントロールが可能と考えられます。

税込価額を1万800円以下にしてジュースの価額の占める割合を2/3以上にすれば、ビールにも軽減税率を適用することができます。また、税込価額が1万800円を超える場合やビールの価額の占める割合が大きい場合には、一体資産に該当しないようそれぞれの内訳価額を提示してジュースに標準税率が適用されることを避ける、といった工夫が考えられるでしょう。

Question73
ファストフード店のおもちゃ付き子供セット

ハンバーガーとドリンクにおもちゃを付けた子供セットは、一体資産ですか。

Answer

1 一体資産の判断

ファストフード店では、ハンバーガーとドリンクにおもちゃをつけて子供セットとして販売している例が少なくありません。そのおもちゃが非売品である場合であっても、①あらかじめ一の資産を形成し、②その一の資産に係る価格のみが提示されているときは、一体資産となります。

2 具体例

（1）

```
        おもちゃセット
 セット内容
    ハンバーガー          300円
    オレンジジュース       150円
    ぬりえ（非売品）       1コ
```

これは、セット商品の内訳価格が表示されているため、一体資産ではありません。食品と食品以外の資産の一括譲渡になります。

（2）

```
        おもちゃセット
 セット内容
    ハンバーガー又はチーズバーガー      1コ
    オレンジジュース又はアップルジュース  1コ
    ぬりえ又は絵本（非売品）           1コ
```

これは、セット商品の構成内容を選択できるため、一体資産ではありません。食品と食品以外の資産の一括譲渡になります。

（3）

おもちゃセットA	おもちゃセットB
セット内容 　　ハンバーガー　　　　　　１コ 　　オレンジジュース　　　　１コ 　　ぬりえ（非売品）　　　　１コ	セット内容 　　チーズバーガー　　　　　１コ 　　アップルジュース　　　　１コ 　　絵本（非売品）　　　　　１コ

　これは、セットの構成内容が決まっていて、内訳価格も表示されていないため、一体資産になります。別に単品メニューがあっても、そのセットの内訳価格としての表示がない場合は、「その一の資産に係る価格のみが提示されている」こととなります。

3　多くの場合は一体資産にならない

　ファストフード店のセット商品は、ほとんどの場合、単品で販売する商品を客が自由に組み合わせて選べるようになっています。本来、セット内容を選択できるものであっても、セット商品を構成する選択可能な組合せのパターンを提示し、そのパターンごとにセット価格のみを提示している場合（内訳価格を提示していない場合）には、それぞれのセット商品は、一体資産に該当します（Q＆A個別事例編87）。

　ただし、選択できる単品の種類が多い場合には、選択可能な組合せのパターンも相当に多くなります。例えば、ハンバーガー、ドリンク、おもちゃがそれぞれ５種類ある場合の組み合わせは、125パターン（$5 \times 5 \times 5 = 125$）にもなってしまいます。したがって、全部のパターンをメニューに示すのはスマートな方法とは言えず、ファストフード店のおもちゃ付きセットは、一体資産にならない場合が多いものと考えられます。

Question74

ファストフード店のおもちゃ付き子供セットの税率

ファストフード店のおもちゃ付き子供セットの税率は、どうなりますか。

Answer

1 一体資産である場合

　前問のとおり、ファストフード店のおもちゃ付き子供セットが一体資産に該当する例は少ないと思われます。

　仮に、一体資産に該当する場合において、おもちゃが非売品であるときは、おもちゃには売価がありませんから、「一体資産の価額のうちに食品に係る部分の価額の占める割合として合理的な方法により計算した割合」は、「一体資産の譲渡に係る原価のうち、合理的に計算した食品の原価の占める割合」*となります。

* 原価が日々変動するなど、計算が困難なときは、前課税期間における原価の実績等により合理的に計算された割合とすることができます。

　ただし、セット商品の売価から実際に販売されている食品の単品価格を控除した後の残額をおもちゃの売価とすることにより合理的に計算できる場合には、それによることができます（Q&A個別事例編問95）。

2 一括譲渡である場合

　一括譲渡においては、税率の異なるごとに資産の譲渡等の対価の額を合理的に区分する必要があり、原則として、セットに含まれるものの単品価格の比で区分することになります（平28改令附則6）。

　おもちゃが非売品である場合には、セット商品の売価から実際に販売されている食品の単品価格を控除した後の残額をおもちゃの売価とみなして区分する方法が考えられます。

　食品単品の売価の合計額がセット価格よりも大きい場合には、おもちゃの売価を0円とすることも合理的に区分されたものと考えられます。また、実態として、おもちゃが付かない場合でもセット商品の価格が変わらない場合には、おもちゃの対価を求めていないと認められ、非売品の売価を0円とすることも合理的に区分されたものと考えられます（Q&A個別事例編問88）。

Question75

食品とプリペイドカードのセット商品

食品とプリペイドカードのセット商品は、一体資産ですか。

Answer

1 一体資産の判定

一体資産とは、食品と食品以外の資産があらかじめ一の資産を形成し、又は構成しているものであって、その一の資産に係る価格のみが提示されているものです（平28改法附則34①一、平28改令附則2一）。

食品とプリペイドカード等の非課税資産を組み合わせたセット商品である場合には、そのプリペイドカード等を除いたところで一体資産に該当するかどうかの判定を行います。

ただし、非課税資産の価格の割合が僅少である場合には、非課税資産を含めた全体を一の課税資産の譲渡として、区分せずに判定することもできます。

2 一体資産に該当する場合の税率

一体資産の譲渡は、原則として軽減税率の適用対象ではありません。その全体に標準税率10％が適用されます。

ただし、次のいずれの要件も満たす場合には、その一体資産は飲食料品の範囲に含め、その譲渡全体に軽減税率を適用することとされています（平28改法附則34①一、平28改令附則2一）。

① 一体資産の譲渡の対価の額（税抜価額）が1万円以下であること
② 一体資産の価額のうちに当該一体資産に含まれる食品に係る部分の価額の占める割合として合理的な方法により計算した割合が3分の2以上であること

食品とプリペイドカード等の非課税資産を組み合わせたセット商品が一体資産に該当する場合には、その一体資産の価額が1万円以下であるかどうか、食品の価額の占める割合が2／3以上であるかどうかについても、プリペイドカード等を除いたところで判定します。

ただし、非課税資産の価格の割合が僅少である場合には、非課税資産を含めた全体を一の課税資産の譲渡として、区分せずに判定することもできます。

Question76

一括譲渡の税率

一括譲渡をした場合の税率は、どうなりますか。

Answer

軽減対象資産と標準税率が適用される資産を一括譲渡した場合には、土地建物の譲渡など課税資産と非課税資産とを一括譲渡した場合の従来の取扱いと同様になります。

1 合理的に区分されている場合

飲食料品と飲食料品以外とを「一括譲渡」した場合には、個々の商品ごとに適用税率を判定することとなります。

契約等において個々の商品の対価の額が合理的に区分されているときは、その契約等における合理的な区分によることになります。

税率が異なる資産を一括して譲渡する場合、通常は、それぞれの対価の額が契約書や請求書、領収書等に示されているものと思われます。このように対価の額が合理的に区分されている場合には、その区分によります。

2 合理的に区分されていない場合

契約等において対価の額が合理的に区分されていないときは、これらの資産の譲渡の時におけるこれらの資産の価額の合計額のうちに、それぞれの資産の価額の占める割合により区分することになります（平28改令附則6）。

① 標準税率適用の課税資産の譲渡等に係る資産
② 軽減対象資産の譲渡等に係る資産
③ 非課税資産の譲渡等に係る資産

なお、令和5年10月1日以後は、インボイス制度に移行するため、適格請求書に、合理的に区分した税率ごとの対価の額を記載することとなります。

Question77

一括譲渡に割引券を利用した場合

　一括譲渡にあたり、客が割引券やポイントを利用した場合、軽減対象資産又はそれ以外のどちらを値引きしたことになりますか。

Answer

1 割引券等を使用した場合

　軽減対象資産の譲渡等と標準税率適用の課税資産の譲渡等につき、割引券やポイントを利用するなどにより一括して値引きを行った場合には、それぞれの値引き後の対価の額は、それぞれの資産の値引き前の対価の額等により按分するなど合理的に算出することとなります（軽減通達15、Q＆A個別事例編問93）。

　ただし、顧客へ交付する領収書等において、適用税率ごとの値引額又は値引額控除後の対価の額が確認できるときは、適用税率ごとに合理的に区分されているものに該当します（軽減通達15、Q＆A個別事例編問93）。

　つまり、販売をする事業者が標準税率適用の課税資産の譲渡等の値引きであると判断して、その結果を顧客へ交付する領収書等において明らかにすれば、それが認められるということです。

2 販売促進費

　事業者が販売促進の目的で課税資産の販売数量、販売高等に応じて取引先に支払う販売奨励金等は、売上げに係る対価の返還等に該当します（消基通14-1-2）。また、課税仕入れにつき金銭により支払を受ける販売奨励金等は、仕入れに係る対価の返還等に該当します（消基通12-1-2）。

　売上げに係る対価の返還等又は仕入れに係る対価の返還等については、それぞれその対象となった課税資産の譲渡又は課税仕入れの事実に基づいて、適用される税率を判断します（平28改法附則34②、38⑤、39②）。

　一括で行う対価の返還等については、その基礎となった課税資産の譲渡等により、合理的に区分することになります。軽減対象資産とそれ以外について別々に販売促進費の計算を行っている場合には、その計算によることになります。

Question78

飲食料品の輸入

飲食料品の輸入には軽減税率が適用されますか。

Answer

1 輸入とは

輸入とは、保税地域からの貨物の引取りをいいます。

その課税期間の保税地域からの引取りに係る課税貨物につき課された又は課されるべき消費税額は、仕入税額控除の計算の基礎となります。国内における課税仕入れとは区別して、現実に課された又は課されるべき消費税額を積み上げて控除対象仕入税額の計算の基礎とします。

2 飲食料品の輸入

保税地域から引き取られる課税貨物のうち、「飲食料品」に該当するものについては、軽減税率が適用されます（平28改法附則34①一）。

3 飲食料品の判断

課税貨物が「飲食料品」に該当するかどうかは、輸入の際に、人の飲用又は食用に供されるものとして輸入されるかどうかにより判定します（Q＆A個別事例編問46）。

したがって、人の飲用又は食用に供されるものとして保税地域から引き取った課税貨物は、その後、国内において飼料用として販売した場合であっても、その国内における販売には標準税率が適用されますが、輸入が軽減税率の適用対象であることに変わりはありません（Q＆A個別事例編問47）。

4 一体貨物

食品と食品以外の資産が一の資産を形成し、又は構成している外国貨物であって、関税定率法別表の適用上の所属の一の区分に属する物品に該当するものを「一体貨物」といいます。

国内取引における一体資産に係る税率の判定と同様に、一体貨物についても、一体貨物の課税標準である金額が1万円以下であり、かつ、その一体貨物の価額のうちにその一体貨物に含まれる食品に係る部分の価額の占める割合が3分の2以上のものは、飲食料品に含まれることとされています（平28改令附則2二）。

Question79

輸入に係る消費税の計算

輸入の消費税に複数の税率があると、仕入税額控除の事務負担が増加しますか。

Answer

1 国内仕入れに係る区分経理

国内において行った課税仕入れについては、新税率の施行後もなお旧税率を適用する経過措置があります。したがって、その課税期間に行った仕入れを次のように区分して集計し、それぞれの課税仕入れに係る税込支払対価の額の合計額にそれぞれの税率を適用して仕入れに係る消費税額を計算することになります。

区　分	消費税額の計算
① 旧税率3％を適用する課税仕入れ	税込支払対価の額の合計額×3/103
② 旧税率5％を適用する課税仕入れ	税込支払対価の額の合計額×4/105
③ 旧税率8％を適用する課税仕入れ	税込支払対価の額の合計額×6.3/108
④ 軽減税率8％を適用する課税仕入れ	税込支払対価の額の合計額×6.24/108
⑤ 標準税率10％を適用する課税仕入れ	税込支払対価の額の合計額×7.8/110
⑥ 特定課税仕入れ	支払対価の額の合計額×7.8/100
⑦ 課税仕入れに該当しない仕入れ	消費税額はない

2 輸入の消費税

令和元年10月1日以後に行う輸入に旧税率が適用されることはありません。

輸入の許可を受ける際に、税関において飲食料品の輸入と認められた場合には、輸入許可書に6.24％の消費税額が記載され、飲食料品の輸入ではないと判断された場合には、輸入許可書に7.8％の消費税額が記載されます。

また、輸入に係る消費税額は、国内における課税仕入れのように、その税込支払対価の額の合計額に税率を適用して計算するものではありません。その課税期間における保税地域からの引取りに係る課税貨物につき課された又は課されるべき消費税額の合計額が控除対象仕入税額の計算の基礎となります。つまり、輸入に係る消費税額は、輸入許可書に記載された消費税額を個別に積み上げる方法によって把握することができるのです。

軽減税率の適用対象であるかどうかにかかわらず、輸入許可書に記載された消費税額を個別に積み上げる集計を行うことになります。

Question80

新聞の税率、電子版の税率

新聞の譲渡は、全て軽減税率ですか。

Answer

1 新聞の範囲

軽減税率の対象は、「一定の題号を用い、政治、経済、社会、文化等に関する一般社会的事実を掲載する新聞（一週に二回以上発行する新聞に限る。）の定期講読契約に基づく譲渡」（平28改法附則34①二）とされています。

「一定の題号を用い、政治、経済、社会、文化等に関する一般社会的事実を掲載する週2回以上発行する新聞」であれば、一般紙、スポーツ紙、業界紙、政党機関紙、全国紙、地方紙、英字紙などの区別はなく、性風俗の記事を掲載しているかどうか等の区別もありません。

2 販売方法による線引き

同じ新聞でも、定期購読である場合（通常は宅配）には8％の軽減税率が適用され、駅やコンビニで即売される場合には10％の標準税率が適用されることになります。

3 電子版

電子版の新聞は、軽減税率の対象になりません（Q＆A個別事例編問101）。インターネットを通じて行う電子版の新聞の配信は「電気通信利用役務の提供」であり、「新聞の譲渡」に該当しません。

4 紙の新聞と電子版の新聞のセット販売

紙の新聞と電子版の新聞をセット販売する場合には、セット販売の対価の額を軽減税率が適用される「紙の新聞」の金額と、標準税率が適用される「電子版の新聞」の金額とに区分した上で、それぞれの税率が適用することになります。

例えば、「紙の新聞」は新聞販売店、「電子版の新聞」は新聞本社が提供する契約となっている場合、それぞれ異なる取引として個別に課税されることになるため、対価の額は区分され、適用税率も取引ごとに判定されることとなります（Q＆A個別事例編問102）。

Question81
学術書、研究書等

学術書や研究書など、教育又は研究に必要な書籍の税率はどうなりますか。

Answer

1 有害図書の判断

書籍に軽減税率を適用する場合、その対象から有害図書、不健全図書を排除しなければならないという課題がありますが、現状、これらを青少年に購入させないための取扱いは、出版社や販売店の自主努力に依拠しています。

そこで、「書籍」「雑誌」については、「その日常生活における意義、有害図書排除の仕組みの構築状況等を総合的に勘案しつつ、引き続き検討する」(平28与党大綱12ページ)こととされ、軽減税率の対象は、「定期購読契約が締結された新聞の譲渡」とされました。

しかし、性風俗の記事を掲載する新聞もあり、この線引きで問題が解決したとはいえません。

2 軽減税率適用を求める声

「書籍」「雑誌」を検討事項としたことについて、日本書籍出版協会、日本雑誌協会、日本出版取次協会、日本書店商業組合連合会の出版4団体は、与党大綱当日、「本日決定の与党税制改正大綱について」と題する声明を発表し、「出版物(書籍、雑誌)は、健全な民主社会の基盤となる重要な知的インフラであり、知力、技術力、国際競争力の源でもあります。また、国の未来を担う子どもたちにとって読書体験は人格形成の基本を構築する上で必要不可欠なものです。新聞と同様、消費税率10％引上げと同時に、出版物に軽減税率が適用されることを強く求めます。」としています。

日本図書館協会も、「図書・雑誌・新聞への消費税軽減税率の適用ができるよう継続的検討を強く求めます。」と題する声明の中で、図書、雑誌への適用が引き続き検討事項となったことに、「大きな失望の念を抱いています。」とし、「生きる力の源は、図書館が提供する図書・雑誌・新聞です。つまり、図書・雑誌・新聞は、食料品等と同様に、人々の不可欠必需品です。」、「消費税軽減税率の実施に向けて、検討を加速し、必ず、図書・雑誌への適用を実現くださるよう、強く求めます。」としています。

また、平成31年度税制改正大綱にも、引き続き検討する旨が記載されています。

第3章

区分記載請求書等保存方式
―令和元年10月1日から令和5年9月30日までの仕入税額控除―

Question82
仕入税額控除の要件

複数税率下の仕入税額控除の要件はどうなっていますか。

Answer

1 激変緩和の措置

複数税率制度に対応するため、「適格請求書等保存方式」(日本型インボイス制度)の導入が予定されています。ただし、「当面は、執行可能性に配慮し、簡素な方法によることとする。」(平28与党大綱12ページ)とされ、令和元年10月1日(軽減税率導入時)から4年間は、「区分記載請求書等保存方式」によって税率の区分経理に対応しています。

2 区分記載請求書等保存方式

区分記載請求書等保存方式とは、令和元年9月末までの請求書等保存方式を維持した上で、その仕入れが軽減税率の対象となるものかそれ以外かの区分を明確にするため帳簿及び請求書等の記載事項を追加するものです。

記載事項が追加されたこと以外は、請求書等保存方式と変わるところがありません。

記載要件を満たす請求書、納品書その他これらに類する書類を「区分記載請求書」といいます。

3 保税地域から引き取った課税貨物

輸入許可書には、課税貨物に係る課税標準である金額や引取りに係る消費税等の額が記載されます。したがって、課税貨物の引取りに係る仕入税額控除については、これまで同様、輸入許可通知書等を保存するとともに、課税貨物に係る消費税等の額を帳簿に記載し保存することが要件となります(消法30⑧三、⑨三)。

4 金のインゴットの課税仕入れ

「金又は白金の地金」の課税仕入れを行った場合は、上記の帳簿及び請求書等に加えて、売却者の本人確認書類(運転免許証の写しなど)を保存する必要があります。これは、令和元年度の改正により設けられた要件であり、令和元年10月1日以後に行う課税仕入れから適用されています。

Question83

区分記載請求書等の記載事項

区分記載請求書等の記載事項について説明してください。

Answer

1 請求書等の記載事項

仕入税額控除を行う要件として保存する請求書等には、原則として、下図の①から⑤までの事項の記載が求められます（消法30⑨）。

標準税率の取引のみを記載する請求書等	複数の税率の取引を記載する請求書等
① 書類の作成者の氏名又は名称 ② 課税資産の譲渡等を行った年月日	① 同左 ② 同左
③ 課税資産の譲渡等に係る資産又は役務の内容 ④ 課税資産の譲渡等の対価の額（税込）	③ 同左 　軽減対象資産の譲渡等にはその旨 ④ 税率ごとに合計した課税資産の譲渡等の対価の額（税込）
⑤ 書類の交付を受ける当該事業者の氏名又は名称	⑤ 同左

(1) **軽減対象資産の譲渡等にはその旨**

軽減対象資産の譲渡等については、その旨が記載されていなければなりません（平28改法附則34②）。

(2) **税率ごとに合計した課税資産の譲渡等の対価の額（税込）**

一枚の請求書等に複数の税率の取引を記載する場合には、税率ごとに合計した課税資産の譲渡等の対価の額（税込）が記載されていなければなりません（平28改法附則34②）。

2 帳簿の記載事項

帳簿には、軽減対象資産の譲渡等に係る課税仕入れについてはその旨を記載します。

この記載は、「軽減」等と省略して記載することや事業者が定めた記号を付す方法によることができます。したがって、会計システム等を利用している場合には、消費税の課税区分を「軽減税率」としておけば、この記載事項が満たされることになります。

Question84

区分記載請求書の具体例①

請求書等に記載することが追加された「軽減対象資産の譲渡等にはその旨」の具体的な記載方法を教えてください。

Answer

1 記載方法

請求書等への「軽減対象資産の譲渡等にはその旨」の記載は、軽減対象資産の譲渡等であることが客観的に明らかであるといえる程度の表示がされていればよいものとされており、具体的には、次のような方法が考えられます（軽減通達18）。

① 個々の取引ごとに10％や8％の税率を記載する。
② 軽減税率の対象となる商品に、「※」や「☆」といった記号等を表示し、別途「※（☆）は軽減対象」などの表示をする。
③ 軽減税率の対象となる商品とそれ以外の商品とを区分して表示する。
④ 軽減税率対象の商品に係る請求書とそれ以外の商品に係る請求書とを分けて作成する。

2 具体例

上記②の記号を表示する場合の具体例（一定期間まとめて交付される請求書の例）は、次のとおりです（Q＆A制度概要編問13）。

① 軽減対象資産には「※」などを記載
② 税率ごとに合計した課税資産の譲渡等の対価の額（税込み）を記載
③ 「※」が軽減対象資産であることを示すことを記載

Question85

区分記載請求書の具体例②

軽減税率の対象となる商品とそれ以外の商品とを区分して表示する請求書とは、具体的にどのようなものですか。

Answer

1 軽減税率の対象となる商品とそれ以外の商品とを区分して記載する方法

同一の請求書において、軽減税率の対象となる商品とそれ以外の商品とをグループ分けして、軽減税率の対象となる商品の記載場所に、その全体が軽減税率の対象であることを表示し、それぞれの税込対価の合計額を記載します（Q＆A制度概要編問13）。

2 具体例

請求書

㈱○○御中　　　　　　　XX年11月30日
11月分　131,200円（税込）

日付	品名	金額
11/1	米	5,400円
11/1	牛肉	10,800円
⋮	⋮	⋮
	8％対象	43,200円
11/2	キッチンペーパー	2,200円
⋮	⋮	⋮
	10%対象	88,000円
	合計	131,200円

△△商事㈱

Question 86

区分記載請求書の具体例③

税率ごとに請求書を分けて作成する場合の具体例を示してください。

Answer

1 請求書を分けて作成する方法

軽減税率の対象となる商品に係る請求書とそれ以外の商品に係る請求書を別々に作成します（Q＆A制度概要編問13）。

2 具体例

【軽減税率対象分】

請求書
（軽減税率対象）

㈱○○御中　　　　XX年11月30日
11月分 43,200円（税込）

日付	品名	金額
11/1	米	5,400円
11/1	牛肉	10,800円
⋮	⋮	⋮
合計		43,200円

△△商事㈱

【軽減税率対象分以外】

請求書

㈱○○御中　　　　XX年11月30日
11月分 88,000円（税込）

日付	品名	金額
11/2	キッチンペーパー	2,200円
⋮	⋮	⋮
合計		88,000円

△△商事㈱

Question87

多数の商品を登録できないレジである場合

多数の商品を登録できないレジは、買い替える必要がありますか。

Answer

1 原則として商品名を記載

区分記載請求書等に記載する資産の内容については、原則として、個々の商品名の記載が必要です。

2 肉や魚といった総称の記載もＯＫ

ただし、個人商店等をはじめ、中小の小売店等が利用しているレジには、多数の商品を登録できないものがあり、このようなレジでは、個別の商品名等を登録することが事実上不可能な場合があります。

このような場合には、その店舗が取り扱っている商品の一般的な総称、例えば、八百屋であれば「野菜」、精肉店であれば「肉」、又は一括して「食品」や「飲食料品」といった記載が認められます。取引された資産が、①課税資産の譲渡等に係るものであること、②軽減税率の対象となるものとそれ以外のものであることが、領収書の交付を受けた事業者において把握できる程度のものであれば、問題ありません（Ｑ＆Ａ個別事例編問104）。

Question88
区分記載されていない請求書等を受け取った場合

　区分記載請求書等保存方式では、請求書等には、区分記載がされていなければならないとのことですが、区分記載していない請求書を受け取った場合は、再発行を求めなければなりませんか。

Answer

1 売手に区分記載請求書等の交付の義務はない
　区分記載請求書等保存方式においては、売手に区分記載請求書等を交付する義務はありません。

2 仕入れ事業者による追記
　しかし、仕入れをした事業者においては、請求書を保存することが仕入税額控除の要件とされています。また、課税仕入れのうちに軽減対象資産がある場合には、請求書等に、次の2つの記載がされていなければなりません。

> ①　軽減対象資産の譲渡等にはその旨（軽減対象資産である旨）
> ②　税率ごとに合計した課税資産の譲渡等の対価の額（税込）

　ただし、これらの項目の記載がない請求書等を交付された場合であっても、その請求書等の交付を受けた事業者が、その取引の事実に基づいて、これらの項目を追記し、保存することで、仕入税額控除を行うことが認められます（平28改法附則34③）。
　したがって、仕入税額控除を行うために、これらの事項を記載した請求書等の再発行を求める必要はありません。

3 追記の範囲
　区分記載請求書等の記載事項のうち、請求書等の交付を受けた事業者による追記が認められているのは、上記①②の項目だけです。それ以外の項目については、追記や修正を行うことはできません（軽減通達19）。

Question89

仕入明細書を請求書等として保存している場合

仕入先から請求書等を受け取らず、自ら作成した仕入明細書を保存することにより仕入税額控除の適用を受けることができますか。

Answer

1 保存するべき請求書等

仕入税額控除の要件は、帳簿及び請求書等の保存です（消法30⑨）。

保存するべき請求書等には、次の3種類があります。

① 課税資産の譲渡等を行う事業者が交付する請求書等
② 事業者自らが作成する仕入明細書、仕入計算書等
③ 保税地域からの課税貨物の引取に係る輸入許可書

国内において行う課税仕入れについては、上記①又は②を保存することになります。

2 事業者が作成する仕入明細書、仕入計算書等

事業者が、課税仕入れについて、上記②の自ら作成した仕入明細書、仕入計算書等を保存する場合には、次の事項が記載されていることに加え、その記載事項につき、その課税仕入れの相手方の確認を受けたものであることが必要です（消法30⑨）。

① 書類の作成者の氏名又は名称
② 課税仕入れの相手方の氏名又は名称
③ 課税仕入れを行った年月日*
④ 課税仕入れに係る資産又は役務の内容（軽減対象資産の課税仕入れである場合には、その旨）
⑤ 課税仕入れに係る支払対価の額（税込）又は税率ごとに合計した課税仕入れ等の対価の額（税込）

* 課税期間の範囲内で一定の期間内に行った課税仕入れにつきまとめて書類を作成する場合には、その一定の期間を記載します。

Question90

3万円未満の課税仕入れ

3万円未満の取引についても、区分記載請求書等の保存が必要ですか。

Answer

1 3万円未満の課税仕入れ

区分記載請求書等保存方式は、仕入税額控除の要件について、令和元年9月30日までの請求書等保存方式を維持しつつ、軽減対象資産の仕入れかそれ以外の仕入れかの区分を明確にするため、軽減対象資産の譲渡等に係る仕入れについての記載事項を追加するものです。

したがって、令和元年9月30日までの取扱いと同様に、1回の取引に係る税込の金額が3万円未満の取引に係る仕入税額控除については、請求書等の保存がなくても法令に規定する事項が記載された帳簿の保存をしている場合には、仕入税額控除を適用することができます（消法30⑦、消令49①一、消基通11-6-2）。

ただし、帳簿には、その仕入れが軽減対象資産の譲渡等に係るものである場合には、その旨を記載する必要があります（平28改法附則34②）。

2 簡易課税制度を適用する場合

簡易課税制度は、仕入税額控除に係る事務負担から中小事業者を救済するために設けられています。実際の課税仕入れについて一切の事務を行わず、売上げに係る消費税額にみなし仕入率を適用して控除対象仕入税額を算出するものです。したがって、区分記載請求書等の保存は必要ありません。

◻ 仕入税額控除の要件

区分	要件
3万円未満の課税仕入れ	帳簿の保存が必要
3万円以上の課税仕入れ	帳簿及び請求書等の保存が必要 ただし、やむを得ない理由があるときの特例あり（次問参照）
簡易課税制度を適用している場合	帳簿及び請求書等の保存は不要
災害等があった場合	帳簿及び請求書等の保存を不要とする災害特例あり

Question91

3万円以上の課税仕入れ

3万円以上の課税仕入れについては、必ず区分記載請求書等の保存が必要ですか。

Answer

1 3万円以上の課税仕入れについての特例

1回の取引に係る税込の金額が3万円以上である課税仕入れについては、請求書等の保存が必要です。

ただし、請求書等の交付を受けなかったことにつきやむを得ない理由がある場合には、「やむを得ない理由」及び「相手方の住所又は所在地」を帳簿に記載して、仕入税額控除の適用を受けることができます（消法30⑦、消令49①二）。

2 やむを得ない理由

やむを得ない理由がある場合とは、次のような場合をいいます（消基通11-6-3）。

① 自動販売機を利用して課税仕入れを行った場合
② 入場券、乗車券、搭乗券等のように課税仕入れに係る証明書類が資産の譲渡等を受ける時に資産の譲渡等を行う者により回収されることとなっている場合
③ 課税仕入れの相手方に請求書等の交付を請求したが、交付を受けられなかった場合
④ その課税仕入れを行った課税期間の末日までにその支払対価の額が確定していない場合（その後支払対価の額が確定した時に請求書等の交付を受け保存する。）
⑤ その他、これらに準ずる理由により請求書等の交付を受けられなかった場合

3 相手方の住所又は所在地の記載

次の者からの課税仕入れについては、相手方の住所又は所在地の帳簿への記載は、不要です（消基通11-6-4）。

① 電車等の旅客輸送に係る一般乗合旅客自動車運送事業者又は航空運送事業者
② 郵便役務の提供を受けた場合の郵便局等
③ 出張旅費等を支払った場合の受領した使用人等
④ 再生資源卸売業等が不特定かつ多数の者から課税仕入れを行った場合の相手方

Question92

免税事業者からの課税仕入れ

免税事業者からの課税仕入れについて、仕入税額控除ができますか。

Answer

1 免税事業者からの課税仕入れ

　区分記載請求書等保存方式は、令和5年10月1日以後の適格請求書等保存方式（**第5章参照**）のような事業者登録制度を基礎としないため、仕入先が免税事業者であるかどうかを確かめることはできません。

　したがって、免税事業者等からの課税仕入れについて、仕入税額控除の適用を受けることができます。

2 免税事業者が発行する請求書

　区分記載請求書等は、免税事業者も発行することができます。

　免税事業者であっても、軽減対象資産の譲渡等を行った場合には、相手方から、仕入税額控除を行うために必要な「軽減対象資産の譲渡等にはその旨」及び「税率ごとに合計した課税資産の譲渡等の対価の額」を記載した区分記載請求書等の発行を求められるものと考えられます。

　なお、免税事業者は、取引に課される消費税がないことから、請求書等に「消費税額」等を表示して別途消費税相当額等を受け取るといったことは消費税の仕組み上、予定されていません（Q&A個別事例編問111）。

Question93

軽減税率の適用がある場合の売上税額の計算

軽減税率の売上げと標準税率の売上げがある場合、売上税額はどのような計算になるのですか。

Answer

1 税率ごとの割戻し計算（原則）

飲食料品の譲渡を行う事業者及び新聞の譲渡を行う事業者は、税率の異なるごとに売上げを記帳し、税率ごとの売上総額を算出して売上税額（課税標準額に対する消費税額）を計算することになります（平28改法附則34②）。

したがって、取引の全てについて、標準税率が適用されるものか、軽減税率が適用されるものかを区分して管理し、記帳しなければなりません。

2 税率ごとの積上げ計算（特例）

課税売上げに係る消費税額について、交付する領収書に明示された消費税額を積み上げて計算するいわゆる「積上げ計算」の特例を適用する場合には、税率の異なるごとに区分した消費税額を領収書に明示し、その税率ごとに区分した消費税額を積み上げて課税売上げに係る消費税額を計算することとなります（平28改規附則12、軽減通達25）。

3 売上税額の計算の特例

軽減対象資産の譲渡等を行う事業者であっても、その売上げの全てについて税率の異なるごとに区分して管理及び記帳することが困難である場合が考えられます。そこで、軽減税率の導入当初は、簡便な方法により両者を区分して申告することができる特例が設けられます（第4章参照）。

売上税額の計算の特例は、基準期間における課税売上高が5,000万円以下である中小事業者について認められています。

中小事業者以外の事業者には、売上税額の計算の特例は適用されません。

Question94

売上税額の計算の具体例

売上税額の具体的な計算を教えてください。

Answer

売上税額（課税標準額に対する消費税額）は、課税資産の譲渡等を税率が異なるごとに区分して計算します。

課税資産の譲渡等を税率が異なるごとに区分することにつき困難な事情があるときの特例計算については、**第4章**を参照してください。

【設例】
- 軽減対象資産の譲渡等の対価の額の合計額 ▶ 6,000万円
- 標準税率の課税資産の譲渡等の対価の額の合計額 ▶ 9,000万円

(1) 課税標準額の計算

❶ 軽減対象資産の譲渡等に係る課税標準額

6,000万円 $\times \dfrac{100}{108}$ ＝55,555,555円 ➡ 55,555,000円（千円未満切捨て）

❷ 標準税率の課税資産の譲渡等に係る課税標準額

9,000万円 $\times \dfrac{100}{110}$ ＝81,818,181円 ➡ 81,818,000円（千円未満切捨て）

(2) 課税標準額に対する消費税額の計算

❶ 軽減対象資産の譲渡等に係る課税標準額に対する消費税額

55,555,000円×6.24％＝3,466,632円

❷ 標準税率の課税資産の譲渡等に係る課税標準額に対する消費税額

81,818,000円×7.8％＝6,381,804円

❸ 課税標準額に対する消費税額

(2)❶＋(2)❷＝9,848,436円

Question95

軽減税率の適用がある場合の仕入税額の計算

軽減税率の仕入れと標準税率の仕入れがある場合、仕入税額はどのような計算になるのですか。

Answer

1 税率ごとの割戻し計算（原則）

飲食料品を棚卸資産とする事業者でなくても、福利厚生や贈答のために飲食料品の課税仕入れを行うことや新聞の定期購読を行うことがあると思われます。一般の事業者の多くは、税率の異なるごとに仕入れを記帳し、これをもとに、税率ごとの仕入総額を算出して仕入税額（控除対象仕入税額）を計算することになります（平28改法附則34②）。

したがって、課税仕入れの全てについて、標準税率が適用されるものか、軽減税率が適用されるものかを区分して管理し、記帳しなければなりません。

2 税率ごとの積上げ計算（特例）

控除対象仕入税額の計算について、交付を受けた領収書に明示された消費税額を積み上げて計算するいわゆる「積上げ計算」が認められます（総額表示通達14）。この特例を適用する場合には、明示された消費税額を税率が異なるごとに積み上げて計算することとなります（軽減通達25）。

ただし、この特例を適用すると、端数処理の関係から原則よりも控除税額が少なくなるので、適用している例はほとんど見られません。

3 仕入税額の計算の特例

軽減税率の導入当初は、課税仕入れを税率ごとに区分することにつき困難な事情がある卸売事業者、小売事業者のために、仕入税額の計算の特例が設けられます（**第4章参照**）。

また、簡易課税制度選択届出書の届出時期の特例が設けられています。

仕入税額の計算の特例は、中小事業者について認められます。

中小事業者以外の事業者に特例の適用はありません。

Question96

仕入税額の計算の具体例（全額控除）

全額控除が適用される場合の、仕入税額の具体的な計算を教えてください。

Answer

　軽減対象資産の課税仕入れを行った事業者が、全額控除により控除対象仕入税額を計算する場合には、次のようになります。

　課税仕入れ等を税率が異なるごとに区分することにつき困難な事情があるときの特例計算については、**第4章**を参照してください。

【設例】
- 軽減対象資産の課税仕入れの支払対価の額の合計額 ▶ 5,000万円
- 標準税率の課税仕入れの支払対価の額の合計額 ▶ 4,000万円
- 計算方法 ▶ 全額控除

控除対象仕入税額の計算

❶　軽減対象資産の課税仕入れに係る控除対象仕入税額

$$5,000万円 \times \frac{6.24}{108} = 2,888,888円$$

❷　標準税率の課税仕入れに係る控除対象仕入税額

$$4,000万円 \times \frac{7.8}{110} = 2,836,363円$$

❸　控除対象仕入税額

❶＋❷＝5,725,251円

Question97

仕入税額の計算の具体例（一括比例配分方式）

一括比例配分方式が適用される場合の、仕入税額の具体的な計算を教えてください。

Answer

軽減対象資産の課税仕入れを行った事業者が、一括比例配分方式により控除対象仕入税額を計算する場合には、次のようになります。

課税仕入れ等を税率が異なるごとに区分することにつき困難な事情があるときの特例計算については、**第4章**を参照してください。

【設例】
- 軽減対象資産の課税仕入れの支払対価の額の合計額 ▶ 5,000万円
- 標準税率の課税仕入れの支払対価の額の合計額 ▶ 4,000万円
- 計算方法 ▶ 一括比例配分方式
- 課税売上割合 ▶ 80％

控除対象仕入税額の計算

❶ 軽減対象資産の課税仕入れに係る控除対象仕入税額

$5,000万円 \times \dfrac{6.24}{108} = 2,888,888円$

❷ 標準税率の課税仕入れに係る控除対象仕入税額

$4,000万円 \times \dfrac{7.8}{110} = 2,836,363円$

❸ 控除対象仕入税額

（❶＋❷）×80％＝4,580,200円

Question98

仕入税額の計算の具体例（個別対応方式）

個別対応方式が適用される場合の、仕入税額の具体的な計算を教えてください。

Answer

軽減対象資産の課税仕入れを行った事業者が、個別対応方式により控除対象仕入税額を計算する場合には、次のようになります。

課税仕入れ等を税率が異なるごとに区分することにつき困難な事情があるときの特例計算については、第4章を参照してください。

【設例】
- 軽減対象資産の課税仕入れの支払対価の額の合計額 ▶ 5,000万円（全て課税売上対応分）
- 標準税率の課税仕入れの支払対価の額の合計額 ▶ 4,000万円
  - うち、課税売上対応分　3,200万円
  - うち、共通対応分　　　800万円
- 計算方法 ▶ 個別対応方式
- 課税売上割合 ▶ 80%

控除対象仕入税額の計算

❶ 軽減対象資産の課税仕入れに係る控除対象仕入税額

　　課税売上対応分　$5,000万円 \times \dfrac{6.24}{108} = 2,888,888$円

❷ 標準税率の課税仕入れに係る控除対象仕入税額

　　ア．課税売上対応分　$3,200万円 \times \dfrac{7.8}{110} = 2,269,090$円

　　イ．共通対応分　　　$800万円 \times \dfrac{7.8}{110} = 567,272$円

❸ 控除対象仕入税額

　　❶＋❷ア＋❷イ×80％＝5,611,795円

Question99

区分記載請求書等保存方式の留意点

区分記載請求書等保存方式において、特に注意するべき点を簡潔に示してください。

Answer

「区分記載請求書等保存方式」は、令和元年10月1日（軽減税率導入時）から4年間の運用です。主な留意点は、次のとおりです。

1 売り手の留意点

❶ 売り手には、区分記載請求書の交付義務及び保存義務はありません。

❷ 偽りの請求書の交付に対する罰則はありません。

❸ 免税事業者も区分記載請求書を交付することができます。

❹ 課税標準額の計算は、原則として、その課税期間の税込売上げの合計額を基礎とする「割戻し計算」です。

❺ 中小事業者は、売上げを税率ごとに区分することにつき「困難な事情があるとき」は、売上税額の計算の特例を適用することができます（令和5年9月30日まで）。

2 買い手の留意点

❶ 課税仕入れが軽減対象資産に係るものでない場合は、令和元年10月1日以後も、従前の帳簿及び請求書等を保存することになります。

❷ 課税仕入れが軽減対象資産に係るものである場合には、請求書等には、「軽減税率の対象品目である旨」と「税率ごとに合計した税込対価の額」の区分記載が必要です（平28改法附則34②）。

❸ ❷の事項は、請求書等の交付を受けた事業者が事実に基づき追記することができますが、それ以外の事項について追記や訂正を行うことはできません（平28改法附則34③）。

❹ 免税事業者からの課税仕入れも、仕入税額控除の対象となります。

❺ 控除対象仕入税額の計算は、その課税期間の税込課税仕入れの合計額を基礎とする「割戻し計算」です。

❻ 小売業又は卸売業を行う中小事業者は、仕入れを税率ごとに区分することにつき「困難な事情があるとき」は、仕入税額の計算の特例を適用することができます（原則1年間）。

Question100

ポイントサービス

販売促進ツールとしてのポイントについて説明してください。

Answer

1 ポイントとは

商品の販売促進ツールとしてポイントプログラムを利用したサービスが広く普及しています。

また、国は、消費税率引上げ後の消費喚起とキャッシュレス推進の観点から、キャッシュレス・消費者還元事業を実施しています。

ポイントは、おおむね次のように定義することができるでしょう。

> 不特定多数の者を対象に、資産の譲渡等に伴い付与するポイント又はクーポンその他これらに類する次のもの
> ① 将来の資産の譲渡等に際して、相手方からの使用（還元）の申出があった場合には、その申出のあった単位数等と交換に、その将来の資産の譲渡等について、値引きして、又は無償により、提供をすることとなるもの
> ② その資産の譲渡等に際して、相手方からの使用（還元）の申出があった単位数等に応じて、その資産の譲渡等について、値引きして提供をすることとなるもの

2 ポイントの種類

ポイントは、おおむね次のように整理することができます。

自己発行ポイント	発行から使用までその事業者が独自に運営するもの
共通ポイント	他者が運営する共通ポイントプログラムに加入するもの
キャッシュレス・消費者還元事業	消費税率の引上げに伴う政府が運用するポイント還元事業

Question101
自己発行ポイントの付与

自己発行ポイントを付与した場合の消費税の課税関係はどうなりますか。

Answer

1 自己発行ポイントとは

自己発行ポイントとは、発行から使用まで、その事業者が運営するものです。その事業者が独自に設計することができ、顧客が付与されるポイントを集めて一定量に達した場合に利用できるもの、クーポン券で次回以後の取引に利用できるもの等があります。

2 ポイントの付与

(1) 収益認識に関する会計基準の取扱い

ポイントの付与について、収益認識に関する会計基準は、次のように定めています。

> 「企業会計基準適用指針第30号　収益認識に関する会計基準の適用指針」48（抜粋）
> 　顧客との契約において、既存の契約に加えて追加の財又はサービスを取得するオプションを顧客に付与する場合には、当該オプションが当該契約を締結しなければ顧客が受け取れない重要な権利を顧客に提供するときにのみ、当該オプションから履行義務が生じる。この場合には、将来の財又はサービスが移転する時、あるいは当該オプションが消滅する時に収益を認識する。

(2) 法人税の取扱い

これを受け、法人税においても、法人が収益認識に関する会計基準に沿ってそのポイントを顧客に付与する重要な権利と認識して負債を計上する場合には、そのポイントに対応する部分を将来の資産の販売等の代金の前受として、当初資産の販売等の代金を構成しないものとして取り扱うこととされています（法基通2-1-1の7）。

(3) 消費税の取扱い

上記のような法人税における取扱いは、消費税の判断に影響しません。消費税法28条1項は、課税標準を「課税資産の譲渡等の対価の額」と定めており、「課税資産の譲渡等の対価の額」とは、「対価として収受し、又は収受すべき一切の金銭又は金銭以外の物若しくは権利その他経済的な利益の額」であって、「その譲渡等に係る当事者間で授受するこ

ととした対価の額をいう」ものとされています（消基通10-1-1）。

したがって、次回以後に利用することができるポイント、つまり未だその権利の行使をしないポイントの付与については、消費税の課税関係は生じません。商品の販売について、ポイントを付与したか否かにかかわらず、その商品の販売について受け取る対価の額を資産の譲渡等の対価の額として売上高に計上します。

2 具体例

事業者Aは、11,000円（10％税込）の売上げにつき、次回以後の購入に利用することができる110円のポイントを付与した。

売　手	買　手
顧客からの入金 　課税売上げ　　　　　　　　11,000	事業者への支払 　課税仕入れ　　　　　　　　11,000
ポイントの付与 　消費税の課税関係なし	ポイントの付与 　消費税の課税関係なし

Question102

自己発行ポイントの使用（還元）

客が自己発行ポイントを使用した場合の消費税の課税関係はどうなりますか。

Answer

1 自己発行ポイントの使用

自己発行ポイントの使用については、次の2つの処理が考えられます。

【値引処理】ポイントの使用を値引きとして、使用後の支払金額を対価とする処理
【両建処理】ポイントの使用前の金額を対価として、ポイント使用額を課税対象外とする処理

2 値引処理

国税庁は、平成30年5月に、「『収益認識に関する会計基準』に沿って会計処理を行った場合の収益の計上額、法人税における所得金額の計算上益金の額に算入する金額及び消費税における課税資産の譲渡等の対価の額がそれぞれ異なることがありますので注意が必要です」とコメントし、その典型例として、次の「自社ポイントの付与」を掲げています。

参考：国税庁「収益認識基準による場合の取扱いの例（平成30年5月）」1頁

ケース1　自社ポイントの付与（論点：履行義務の識別）

家電量販店を展開するA社はポイント制度を運営している。A社は、顧客の100円（税込）の購入につき10ポイントを付与する（ただし、ポイント使用部分についてはポイントは付与されない。）。顧客は、1ポイントを当該家電量販店グループの1円の商品と交換することができる。X1年度にA社は顧客に10,800円（税込）の商品を販売し、1,080ポイントを付与した（消化率100％と仮定）。A社は当該ポイントを顧客に付与する重要な権利と認識している。顧客は当初付与されたポイントについて認識しない。なお、消費税率8％とする。

（単位：円）

	会計	法人税の取扱い	消費税の取扱い
商品の売買時	**売手** 現金　10,800　売上※1　9,025 　　　　　　　契約負債※2　975 　　　　　　　仮受消費税　800 **買手** 仕入　10,000　現金　10,800 仮払消費税　800	同左	**売手** 課税売上げの対価　10,000 課税売上げに係る消費税額　800 **買手** 課税仕入れの対価　10,000 課税仕入れに係る消費税額　800
ポイント使用時	**売手**（税込1,080円の商品売買時に1,080ポイントが使用された場合） 契約負債　975　売上　975 **買手**（税込1,080円の商品売買時に1,080ポイントを使用した場合） （処理なし）※3	同左	**売手** 課税売上げの対価　1,000 1,000×8％=80　税額　80 対価の返還等（ポイント分）　△1,000 （1,080×100/108）×8％=80　△80 差引消費税額（80-80）　0 **買手** 課税仕入れの対価　1,000 1,000×8％=80　税額　80 対価の返還等（ポイント分）　△1,000 （1,080×100/108）×8％=80　△80 差引消費税額（80-80）　0

※1　（商品）10,000×10,000／（10,000+1,080）=9,025円
※2　（ポイント）10,000×1,080／（10,000+1,080）=975円
※3　ポイント使用を仕入値引とする等の複数の処理がありうる

第3章　区分記載請求書等保存方式　125

この資料では、ポイントの使用を「対価の返還等」としていますが、「仕入れに係る対価の返還等」は、いったん実現した課税仕入れにつき、返品や値引き等の理由で、先に支払った対価の額を返還され、又は先に確定した債務の額を減額されることをいいます（消法32①）。しかし、自己発行ポイントの使用による代金の値引きは、資産の譲渡等の値下げ販売であり、ポイントの使用による値下げ後の金額がその資産の譲渡等の対価の額となるものと考えられます。

3 両建処理

　上述のとおり、国税庁は、自己発行ポイントの使用は、資産の譲渡等の値下げ販売であるとしてきました。

　しかし、国税庁は、令和2年1月14日に、次の資料を公表しました。

参考：国税庁「企業発行ポイントの使用に係る経理処理」（令和2年1月14日公表）

【企業発行ポイントの使用に係る経理処理】

○ 事業者が備品等を購入する際にポイントを使用した場合の経理処理は、次のいずれかの方法が考えられます。
　① 値引処理（ポイント使用後の支払金額を経費算入する処理）
　② 両建処理（ポイント使用前の支払金額を経費算入するとともに、ポイント使用額を雑収入に計上する処理）

【レシートの表示別の仕訳例等】

① ポイント値引

```
        レシート
        ○○ストア
東京都…
2019年10月XX日（土） 16:45
オチャ   *1点  540    540円
ブンボウグ 1点   550    550円
ポイント値引        ▲21円
合　計            1,069円

   8%タイショウ      530円
   （内消費税         39円）
   10%タイショウ     539円
   （内消費税         49円）

現金支払          1,069円
*印は軽減税率対象品目
```

② ポイント支払

```
        レシート
        ○○ストア
東京都…
2019年10月XX日（土） 16:45
オチャ   *1点  540    540円
ブンボウグ 1点   550    550円
合　計            1,090円

   8%タイショウ      540円
   （内消費税         40円）
   10%タイショウ     550円
   （内消費税         50円）

●●ポイント支払    ▲21円
現金支払          1,069円
*印は軽減税率対象品目
```

＜仕訳例＞
次のいずれかで経理
① 値引処理
　消耗品費　1,069円　／　現金　1,069円

② 両建処理
　消耗品費　1,090円　／　現金　1,069円
　　　　　　　　　　　　雑収入　 21円

各取引の消費税率ごとの区分経理は、次の処理が考えられます。
➤ 左記①の場合の消費税の処理
　消耗品費（8%対象） 530円　／　現金 1,069円
　消耗品費（10%対象） 539円　／
➤ 左記②の場合の消費税の処理
　消耗品費（8%対象） 540円　／　現金　　　　　 1,069円
　消耗品費（10%対象） 550円　／　雑収入（消費税不課税） 21円

※ 消費税の仕入税額控除の適用を受けるためには、区分経理に対応した帳簿及び区分記載請求書等の保存が必要となります。

（参考：キャッシュレス消費者還元事業における「即時充当」）
コンビニエンスストア等が実施する「即時充当」は、一般的には、上記②のレシートの「●●ポイント支払」が「キャッシュレス還元額」と表示されますが、この場合でも経理処理は変わりません。

　ここでは、自己発行ポイントの使用は、資産の譲渡等の値下げ販売とする処理（値引処理）に加え、顧客がポイントを使用することによって得られる利益を消費税の課税対象外の収入とする処理（両建処理）が示されています。

　値引処理となるか、あるいは両建処理となるかは、レシートの表示によって判断するものとされていますから、消費税の課税関係は、売手がいずれの処理を採用するかによって決定することになります。

4 具体例

11,000円（税込）の売上げにつき、顧客が110円のポイントを使用した。

◆ 売手が【値引処理】のレシートを発行する場合

売　手		買　手	
課税売上げ	10,890	課税仕入れ	10,890

◆ 売手が【両建処理】のレシートを発行する場合

売　手		買　手	
課税売上げ	11,000	課税仕入れ	11,000
課税対象外の支出	△ 110	課税対象外の収入	△ 110

4 即時使用ポイントである場合

Question100 の定義に掲げた「不特定多数の者を対象に、資産の譲渡等に伴い付与するポイント又はクーポンその他これらに類するもので、その資産の譲渡等に際して、相手方からの使用（還元）の申出があった単位数等に応じて、その資産の譲渡等について、値引きして提供をすることとなるもの」は、「即時使用ポイント」です。

上記の取扱いは、即時使用ポイントである場合も同様です。売手が、値引処理又は両建処理のいずれかを選択することになります。

> キャッシュレス・消費者還元事業における国からの補助を受けて行うポイントについて即時充当した場合には、そのポイントによる支払額の減額は、資産の譲渡等とは別に行う金銭の授受であり、値引処理はできません。キャッシュレス・消費者還元事業に係るポイントの処理の詳細については、**Question105** を参照してください。

Question 103

共通ポイントプログラム

共通ポイントプログラムに加盟した場合のポイントの課税関係はどうなりますか。

Answer

1 共通ポイントとは

共通ポイントは、他者が運営するポイントプログラムに加入するものです。共通ポイントの市場は、「Tカード」のTポイント、「Pontaカード」のPontaポイント、楽天スーパーポイント、dポイントが4強となっています。

共通ポイントの運営方法には様々なものがありますが、基本のしくみはおおむね次のとおりです。

(1) 加盟店Aの商品販売につき、運営会社X社は顧客に対してポイントを付与し、加盟店Aはポイント相当額を運営会社に支払う。
(2) 顧客がポイントを使用した加盟店Bの商品販売につき、運営会社X社は加盟店Bに対して使用されたポイント相当額を支払う。

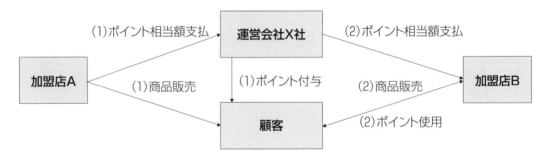

共通ポイントが消費経済に広く深く浸透していますが、その課税関係については、長く明確な指針が示されず、実務上の処理に迷うこともありました。令和2年1月14日、国税庁は、ようやく、次の見解を公表しました。

参考：国税庁「共通ポイント制度を利用する事業者（加盟店Ａ）及びポイント会員の一般的な処理例」（令和２年１月14日公表）

○ 共通ポイント制度を利用する事業者（加盟店Ａ）及びポイント会員の一般的な処理例
【前提となる制度の概要】
・Ｂ社が運営する共通ポイント制度は、会員が加盟店で100円（税込）の商品を購入するごとに１ポイントが付与。加盟店はポイント付与分の金銭をＢ社に支払う。
・１ポイントは１円相当で、加盟店の商品の購入に使用できる。ポイント使用分にはポイントが付与されない。加盟店はポイント使用分の金銭をＢ社から受領する。
・設例の取引における消費税率は10％とする。
（単位：円）

	会計処理（税抜経理方式）	会計処理（税込経理方式）	消費税の取扱い
ポイント付与時	売手（加盟店Ａ）（11,000円（税込）の商品を販売、Ｂ社から会員に110ポイント付与） 現金等 11,000／売上 10,000 ポイント費用 110／仮受消費税 1,000 　　　　　　　／未払金 110 買手（会員） 仕入 10,000／現金等 11,000 仮払消費税 1,000	売手（加盟店Ａ）（同左） 現金等 11,000／売上 11,000 ポイント費用 110／未払金 110 買手（会員） 仕入 11,000／現金等 11,000	売手（加盟店Ａ） 課税売上げの対価 10,000 課税売上げに係る消費税額 1,000 ポイント費用（不課税）（注） 110 買手（会員） 課税仕入れの対価 10,000 課税仕入れに係る消費税額 1,000
Ｂ社への支払時	加盟店Ａ（会員に付与された110ポイント相当額をＢ社へ支払） 未払金 110／現金等 110	加盟店Ａ（同左） 未払金 110／現金等 110	加盟店Ａ ―
ポイント使用時	売手（加盟店Ａ）（220円（税込）の商品を販売、会員が110ポイント使用して決済） 現金等 110／売上 200 未収金 110／仮受消費税 20 ［この取引にも１ポイント付与されるが、説明の便宜上、省略］ 買手（会員） 消耗品費 200／現金等 110 仮払消費税 20／雑収入 110	売手（加盟店Ａ） 現金等 110／売上 220 未収金 110 （同左） 買手（会員） 消耗品費 220／現金等 110 　　　　　　／雑収入 110	売手（加盟店Ａ） 課税売上げの対価 200 課税売上げに係る消費税額 20 買手（会員） 課税仕入れの対価 200 課税仕入れに係る消費税額 20 雑収入（不課税） 110
Ｂ社からの受領時	加盟店Ａ（会員が使用した110ポイント相当額をＢ社から受領） 現金等 110／未収金 110	加盟店Ａ（同左） 現金等 110／未収金 110	加盟店Ａ ―

（注）加盟店（Ａ）とポイント制度の運営企業（Ｂ社）との取引については、対価性がないこと（消費税不課税）を前提とした処理としている。
ポイント制度の規約等の内容によっては、消費税の課税取引に該当するケースも考えられる。

以下では、加盟店Ａ及び加盟店Ｂの消費税の課税関係を検討してみましょう。

2 ポイントの付与

　消費税法28条１項は、課税標準を「課税資産の譲渡等の対価の額」と定めています。「課税資産の譲渡等の対価の額」とは、「対価として収受し、又は収受すべき一切の金銭又は金銭以外の物若しくは権利その他経済的な利益の額」であり、「その譲渡等に係る当事者間で授受することとした対価の額をいう」（消基通10-1-1）ものとされています。

　加盟店Ａが行う商品販売に際して、顧客にポイントを付与するのは運営会社Ｘ社です。加盟店Ａは、そのポイントの付与にかかわらず、その商品の販売について受け取る対価の額を資産の譲渡等の対価の額として売上高に計上します。

　また、加盟店Ａから運営会社Ｘ社へのポイント相当額の支払については、運営会社Ｘ社が行うポイントプログラムの提供に対して支払うものであるとすれば、課税仕入れを認識することになります。この点について、上記の国税庁の資料では、「ポイント制度の規約等の内容」によって判断するものとしています。

3 具体例①（ポイントの付与）

　加盟店Ａは、11,000円（10％税込）の売上げにつき、共通ポイント110円を付与する手

続きを行った。なお、規約によれば、運営会社Xへのポイント相当額の支払は、プログラム利用の対価であると判断される。

加盟店A	顧　客
顧客からの入金 　課税売上げ　　　　　　　　　　　11,000	加盟店Aへの支払 　課税仕入れ　　　　　　　　　　　11,000
運営会社X社への支払 　課税仕入れ　　　　　　　　　　　　 110	消費税の課税関係なし

4　具体例②（ポイントの付与）

　加盟店Aは、11,000円（10％税込）の売上げにつき、共通ポイント110円を付与する手続きを行った。なお、規約によれば、運営会社Xへのポイント相当額の支払には、対価性がないと判断される。

加盟店A	顧　客
顧客からの入金 　課税売上げ　　　　　　　　　　　11,000	加盟店Aへの支払 　課税仕入れ　　　　　　　　　　　11,000
運営会社X社への支払 　課税対象外の支払　　　　　　　　　110	消費税の課税関係なし

5　ポイントの使用

　商品の販売に際して顧客がポイントを使用すると、加盟店Bが顧客から受け取る金額はそのポイント相当額を控除した額となります。しかしそれは値引き販売ではなく、控除されたポイント相当額は、運営会社X社から支払われることになります。したがって、顧客から受け取る金額と運営会社Xから受け取るポイント相当額を合わせた金額をその資産の譲渡等の対価の額として商品の売上高に計上します。

　他方、ポイントを使用する顧客においては、これまで、課税仕入れに際して実際に支払うポイント控除後の金額を課税仕入れの対価とする考え方が多数意見であったと考えられます。

　しかし、先に掲げた国税庁の資料では、ポイント控除前の金額を課税仕入れの対価の額とし、ポイント使用により顧客が受ける利益は、消費税の課税対象外の収入とされています。事業者である顧客にとっては、課税対象外の収入とする方が有利な計算となりますが、ポイント付与時に加盟店がポイント運営会社に支払うポイント相当額と同様に、規約等の内容によっては、ポイント控除後の金額を課税仕入れの対価とすべき場合もあると考えられます。

6 具体例③（ポイントの使用）

　加盟店Bは、売上げにつきポイントを使用した顧客から10,890円（10％税込）を受け取り、運営会社X社からポイント相当額110円を受け取った。

　顧客には、規約に従い、ポイントの使用を消費税の課税対象外の値引きと表示した領収書を交付している。

加盟店B	顧　客
顧客からの入金 　課税売上げ　　　　　　　　　10,890	加盟店Bへの支払 　課税仕入れ　　　　　　　　　11,000 　課税対象外の収入　　　　　　△110
運営会社X社からの入金 　課税売上げ　　　　　　　　　　110	消費税の課税関係なし

7 買手の処理

　買手は、交付されたレシートの表記から課税仕入れに係る支払対価の額を判断することができます。

8 契約内容や実態に応じた判断が必要

　このQuestionでは、共通ポイントの最もシンプルな運営方法と考えられるケースについて、消費税の課税関係を検討しました。しかし、契約関係や取引の内容によっては課税関係の判断が困難である場合も多く、本Questionに示したものとは異なる結果となる場合も想定されます。

　また、平成30年5月に、フリマアプリを運営する株式会社メルカリがポイントに関する消費税の処理を誤ったとして更正処分を受けるなど、共通ポイントの運用会社における判断も複雑です。

　ポイントに係る実務処理については、その契約内容や実態に即した法的性質に応じて判断する必要があります。

Question104

異なる税率の一括譲渡にポイントを利用した場合

飲食料品と飲食料品以外の一括譲渡について利用するポイントは、どちらの値引きになりますか。

Answer

1 一括値引きの処理

軽減対象資産の譲渡等と標準税率が適用される課税資産の譲渡等につき、一括して値引きを行った場合には、それぞれの値引き後の対価の額は、それぞれの資産の値引き前の対価の額等により按分するなど合理的に算出することとなります（軽減通達15）。

この場合、顧客へ交付する領収書等において、適用税率ごとの値引額又は値引額控除後の対価の額が確認できるときは、適用税率ごとに合理的に区分されているものに該当します（軽減通達15）。資産の譲渡等にあたっての値引き（値下げ）はあくまでも値決めの問題であり、事業者の判断に委ねられているからです。

軽減対象資産の譲渡等又は標準税率が適用される課税資産の譲渡等のいずれの値引きを行っても、顧客が支払う金額は同じなので、顧客が消費者である場合には、有利不利はありません。しかし、事業者においては、それぞれの対価の額で按分するよりも、標準税率が適用される課税資産の譲渡等から優先して値引きすることで課税標準額に対する消費税額をより小さくすることができます。

2 ポイント使用につき値引処理を行う場合

ポイントの使用につき、値引処理を行う場合も同様です。

国税庁のモデルでは、ほとんどの場合、値引き前の対価の額により按分する例が示されていますが、値引額又は値引き後の対価の額が領収書等の書類により確認できることを要件に、標準税率が適用される課税資産の譲渡等の対価の額から優先して値引きをすることができます（Q＆A個別事例編問93）。

3 具体例

雑貨4,400円（10%税込）、牛肉2,160円（8%税込）を販売し、顧客が110円ポイントを使用した。

当社では、ポイント使用について値引処理を行っており、その値引きは標準税率が適用される課税資産の譲渡等の対価の額から優先的に行うこととし、次のとおり、税率ごとに

値引き後の対価の額を領収書（区分記載請求書等）に表示している。

```
           領 収 書
          ○○マーケット
          ××年11月1日

       牛肉  ※       ¥2,160
       雑貨           ¥4,400
       小  計         ¥6,560
       割  引           ¥110
       差引合計        ¥6,450

    10%対象¥4,290   8％対象¥2,160
    ※印は軽減税率対象商品
```

売　手		買　手	
課税売上げ（標準税率）	4,290	課税仕入れ（標準税率）	4,290
課税売上げ（軽減税率）	2,160	課税仕入れ（軽減税率）	2,160

4 買手の処理

　買手は、交付されたレシートの表記から課税仕入れに係る支払対価の額を判断することができます。

Question105

キャッシュレス・消費者還元事業

キャッシュレス・消費者還元事業について説明してください。

Answer

1 キャッシュレス・消費者還元事業の概要

　キャッシュレス・消費者還元事業（キャッシュレス・ポイント還元事業）は、消費税率引上げ後の消費喚起とキャッシュレス推進の観点から、新税率の施行日である10月1日から令和2年6月末までの9か月間実施される中小・小規模事業者向けの支援制度です。クレジットカード、デビットカード、電子マネー（プリペイド）、QRコードなど、一般的な購買に繰り返し利用できる電子的な決済手段が広く対象とされており、インターネットサイトによる通信販売も対象です。

◆ 制度の仕組み*

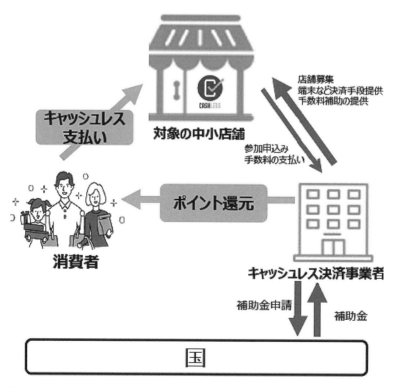

*　経済産業省「キャッシュレス・ポイント還元事業（キャッシュレス・消費者還元事業）中小・小規模店舗向け説明資料」（令和元年9月）2頁。

2 対象事業者

キャッシュレス・消費者還元事業の対象となる中小・小規模事業者であるかどうかは、資本金等の額又は常時使用する従業員の数のいずれかによって判断します。

業種分類	資本金（出資）の総額	常時使用する従業員の数
製造業その他	3億円以下	300人以下
卸売業	1億円以下	100人以下
小売業	5,000万円以下	50人以下
サービス業	5,000万円以下	100人以下

ただし、次の業種は、補助の対象ではありません。
- 国、地方公共団体、公共法人
- 金融商品取引業者、金融機関、信用協同組合、信用保証協会、信託会社、保険会社、生命保険会社、損害保険会社、仮想通貨交換業者
- 風営法上の風俗営業（一部例外を除く）等
- 保険医療機関、保険薬局、介護サービス事業者、社会福祉事業、更生保護事業を行う事業者
- 学校、専修学校等
- 暴対法上の暴力団等に関係する事業者
- 宗教法人
- 保税売店
- 法人格のない任意団体
- その他、本事業の目的・趣旨から適切でないと経済産業省及び補助金事務局が判断する者

また、次の取引も補助の対象外です。
- 有価証券等、郵便切手類、印紙、証紙、物品切手等（商品券、プリペイドカード等）の販売
- 自動車（新車・中古車）の販売
- 新築住宅の販売
- 当せん金付証票（宝くじ）等の公営ギャンブル
- 収納代行サービス、代金引換サービスに対する支払い
- 給与、賃金、寄付金等
- その他、本事業の目的・趣旨から適切でないと経済産業省及び補助金事務局が判断するもの

3 補助の内容

　キャッシュレスで支払った消費者へのポイント還元の原資は、国が負担します。

　キャッシュレス・消費者還元事業に参加するものとして登録した事業者（以下「登録加盟店」といいます。）は、キャッシュレス化にあたって、端末の導入費用について、国が2/3、決済事業者が1/3を負担する支援を受けることができ、端末の導入は無償となります。ただし、軽減税率対策補助金の交付を受けた場合を除きます。

　また、決済事業者は、加盟店手数料を3.25％以下に設定することとされており、このうち国が1/3を補助するので、加盟店手数料は、実質2.17％以下となります。

　なお、フランチャイズチェーン等については、中小・小規模事業者に該当する登録加盟店についてのみ、国からポイント還元等（2％分）の原資が補助されます。決済端末の導入費用の補助及び加盟店手数料の補助はありません。

区　分	加盟店手数料	決済端末の導入	ポイント還元
中小・小規模事業者	実質2.17％以下	負担なし	5％
フランチャイズチェーン等	補助なし		2％

4 ポイント還元の種類

　キャッシュレス・消費者還元事業におけるポイント還元の方法には、次の4種類に整理することができます。

ポイント付与	決済額に応じたポイント又は前払式支払手段（チャージ額）を消費者に付与する方法
即時充当	購買時に、即時、購買金額にポイント相当額を充当する方法
引落相殺	利用金額に応じた金額を口座から引き落とす際に、ポイント相当額を引き落とし金額と相殺する方法
口座充当	少なくとも1か月以内の期間毎に口座にポイント相当額を付与（し、その後の決済に充当）する方法

Question106

クレジット手数料、電子マネーの入金手数料

キャッシュレス決済をする場合のクレジット手数料や電子マネーの入金手数料は課税仕入れですか。消費者還元事業による補助を受けた場合は課税仕入れの減額ですか。

Answer

1 クレジットカードの決済手数料

クレジットカードの決済にあたって支払う加盟店手数料は、資産の譲渡等の対価として取得した金銭債権の譲渡差額であり、クレジット会社にとっては非課税売上げとなります。

加盟店においては、金銭債権の譲渡が非課税となるのですが、資産の譲渡等の対価として取得した金銭債権の譲渡は、課税売上割合の計算に含まないこととされています。したがって、クレジットカード会社に支払う加盟手数料が消費税の計算に影響することはありません（ここでは非課税仕入れと表現します）。

ただし、カード決済代行会社を通じた契約では、クレジットカード会社への金銭債権の譲渡による譲渡差額ではなくカード決済代行会社に対して支払うシステム利用料という位置づけになって、加盟店手数料が課税仕入れとなる場合があります。

契約内容を確認して判断してください。

2 電子マネー等の決済手数料

交通系電子マネーなどチャージ式の電子マネーは、購入時点での支払いになるため、金銭債権は発生しません。したがって、その入金に係る手数料は課税仕入れとなります。

電子マネー等の種類によって、課税仕入れとなるかどうかが異なるため、契約内容を確認して判断してください。

参考

決済手数料が非課税（譲渡差額）となるもの	クレジットカード、Paypal、iD、QUICPay など（決済代行会社との契約は別に判断）
決済手数料が課税となるもの	交通系電子マネー、Alipay、LINE Pay、nanaco、WeChat Pay など

3 加盟店手数料補助

キャッシュレス・消費者還元事業における加盟店手数料に係る補助金の交付は、消費税

の課税対象外です。決済事業者からの通知を確認してください。

> 「キャッシュレス・消費者還元事業　加盟店手数料補助公募要領」13頁（抜粋）
> 　＜消費税の取扱い＞
> 　決済事業者が加盟店に支払う加盟店手数料の1/3相当額は、公的な国庫補助金を財源とした補填金であり、加盟店から決済事業者に対する何らかの資産の譲渡等の対価として支払うものではないことから、消費税は不課税となる。
> 　また、補足②の会計処理方法に記載のとおり、この補填金は、「手数料の値引」ではなく「手数料の補填金」となるため、決済事業者から加盟店への当該補填金に係る請求書もしくは通知書等において、当該補填金は公的な国庫補助金を財源とした経費の補填金であり消費税の不課税取引となることを明示する又は通知する等の方法により、決済事業者側及び加盟店側の会計処理及び消費税の処理において、加盟店手数料の値引処理を行わないようにしなければならない。特に1.7.4②の処理を行う場合には、「加盟店手数料の値引」と処理しない（加盟店手数料自体を2/3相当額としない）ように注意が必要である。
> 　これら取扱いは、決済事業者が加盟店から受領する加盟店手数料を消費税法上の課税取引又は非課税取引のいずれとして取扱っているか、また上記1.7.4①②のいずれの補助方法によっているかにかかわらず、同じとなる。
> 　なお、決済事業者が執行団体から受領する補助金は、補助金適正化法上の間接補助金等に該当し、本事業における国から執行団体への補助金の交付の目的に沿って、執行団体が決済事業者から何らかの反対給付を受けないで交付するものであり、資産の譲渡等の対価に該当しない（不課税となる）。
> 　また、加盟店から決済事業者に支払われる加盟店手数料に係る消費税の取扱いは、本補助事業により変わるものではないため、各事業者の従来から行っている消費税の取扱いに基づき行うことになる。

Question107

キャッシュレス・消費者還元事業のポイント還元

キャッシュレス・消費者還元事業によるポイント還元の消費税の課税関係はどうなりますか。

Answer

1 キャッシュレス・消費者還元事業のポイント還元は課税対象外

キャッシュレス決済をした顧客が受け取るポイント還元は、決済事業者又は登録加盟店が国からの補助を受けて行うものです。顧客が直接受け取る補助金ではありませんが、そのポイント還元に対価性は認められません。したがって、キャッシュレス・消費者還元事業によるポイント還元は、資産の譲渡等とは独立した消費税の課税対象外の取引となります。

登録加盟店は、この事業によるポイントを即時充当する場合であっても、その充当前の商品の販売に係る対価の額を資産の譲渡等の対価の額として売上高に計上します。

「キャッシュレス・消費者還元事業　消費者還元補助公募要領」19頁（抜粋）
　＜消費税の取扱い＞
　決済事業者と消費者との関係において、本補助金を原資として決済事業者が消費者に対して行う1.6.1に定める方法による消費者還元は、公的な国庫補助金を財源としたポイント等の付与であり、消費者から決済事業者に対する何らかの資産の譲渡等の対価として支払うものではないことから、消費税は不課税となる。
　なお、本補助金を原資としない通常のポイント付与等については、その実態に即して適切な会計処理・税務処理を行うこと。

2 具体例①

登録加盟店が、11,000円（10％税込）の売上げにつきクレジット決済を行った。クレジット決済に係る加盟店手数料は330円であるが、国の補助金により110円（330円×1/3）を補填された。

後日、販売代金から加盟店手数料220円が差し引かれ、残額10,780円を決済事業者から受け取った。

顧客は、550円のキャッシュレス・消費者還元事業のポイント還元を受けた。
（ポイント還元率5％、クレジット手数料3％、加盟店手数料補助率1/3）

加盟店	顧客
クレジット決済 　課税売上げ　　　　　　　　　　11,000	クレジット決済 　課税仕入れ　　　　　　　　　　11,000
消費税の課税関係なし	ポイント還元 　課税対象外の収入　　　　　　　　　550
加盟店手数料 　非課税仕入れ　　　　　　　　　　　330	消費税の課税関係なし
手数料補助 　課税対象外の収入　　　　　　　　　110	消費税の課税関係なし

3　具体例②

　登録加盟店が、11,000円（10%税込）の売上げにつき交通系電子マネーで決済した。交通系電子マネーの入金手数料は275円であるが、国の補助金により91円（275円×1/3）を補填された。

　後日、販売代金から入金手数料184円が差し引かれ、10,816円を決済事業者から受け取った。

　顧客は、550円のキャッシュレス・消費者還元事業のポイント還元を受けた。

（ポイント還元率5％、交通系電子マネー手数料2.5％、加盟店手数料補助率1/3）

加盟店	顧客
交通系マネー決済 　課税売上げ　　　　　　　　　　11,000	交通系マネー決済 　課税仕入れ　　　　　　　　　　11,000
消費税の課税関係なし	ポイント還元 　課税対象外の収入　　　　　　　　　550
加盟店手数料（入金手数料）　　　275 　課税仕入れ	消費税の課税関係なし
手数料補助 　課税対象外の収入　　　　　　　　　　91	消費税の課税関係なし

4　具体例③

　フランチャイズチェーンである登録加盟店が、11,000円（10%税込）の売上げにつき、キャッシュレス・消費者還元事業の即時還元220円を差し引いて交通系電子マネーで決済した。後日、販売代金から入金手数料269円が差し引かれ、還元額の220円を合わせて10,731円を決済事業者から受け取った。

（ポイント還元率2％、交通系電子マネー手数料2.5％、加盟店手数料補助なし）

加盟店		顧客	
交通系電子マネー決済 　　課税売上げ	11,000	交通系電子マネー決済 　　課税仕入れ	11,000
ポイント即時還元 　　課税対象外の支出	220	ポイント即時還元 　　課税対象外の収入	220
ポイント補助 　　課税対象外の収入	220	消費税の課税関係なし	
加盟店手数料（入金手数料） 　　課税仕入れ	269	消費税の課税関係なし	

5 買手の処理

買手は、交付されたレシートの表記から課税仕入れに係る支払対価の額を判断することができます。

第4章

税額の計算の特例
―区分記載請求書等保存方式における中小事業者の申告書作成時の特例―

Question108

税額計算の特例

税額計算の特例は、どうして設けられたのですか。

Answer

1 税額計算の特例

　消費税の申告書を作成するに当たっては、全ての課税取引を税率の異なるごとに区分していなければなりません。しかし、それが困難である場合も考えられます。

　そこで、全ての課税取引について税率の異なるごとに区分されていなかったとしても、事業者が消費税の申告書を作成することができる特例が設けられています。

2 中小事業者の特例

　平成28年度税制改正において、軽減税率制度が法制化された当初は、法律成立から軽減税率導入まで1年という短期間であったため、中小事業者については事務能力の観点から、中小事業者以外についてはシステム改修のための期間が確保されないという観点から、全ての事業者について売上税額の計算の特例及び仕入税額の計算の特例が設けられました。

　しかし、平成28年11月28日の法改正により軽減税率導入の時期が2年半延期されたことから、システム改修が間に合わないといった事態は回避できると判断され、これらの特例は中小事業者に限って措置されることとなりました。

3 中小事業者とは

　中小事業者とは、その課税期間の基準期間における課税売上高が5,000万円以下である事業者をいいます。これは、簡易課税制度の適用対象と同じです。法人であるか、個人事業者であるかは問いません。

　また、その課税期間の課税売上高が5,000万円超であっても、基準期間における課税売上高が5,000万円以下である場合には、税額計算の特例を適用することができます。

Question109

売上税額の計算の特例の概要

売上税額の計算の特例について、その概要を説明してください。

Answer

1 売上税額の計算の特例

軽減対象資産の譲渡等を行う中小事業者は、課税売上げを税率ごとに区分して合計することにつき「困難な事情があるとき」は、次に掲げる方法により売上税額を計算することができます（平28改法附則38①②④）。

(1) 10日間特例（軽減売上割合の特例）

その課税期間の課税売上げの総額に、「**軽減売上割合**」（通常の事業を行う連続する10営業日の課税売上げに占める軽減対象資産の課税売上げの割合）を乗じて、その課税期間の軽減対象資産に係る課税売上げを算出する方法

＊ (2)の売上げの卸小売特例を適用しないことが要件です。

(2) 売上げの卸小売特例（小売等軽減仕入割合の特例）

その課税期間の卸売業及び小売業に係る課税売上げの総額に、「**小売等軽減仕入割合**」（その事業に係る課税仕入れに占める軽減対象資産の売上げにのみ要する課税仕入れの割合）を乗じて、その事業に係る軽減対象資産に係る課税売上げを算出する方法

＊ (1)の10日間特例、仕入れの卸小売特例及び簡易課税制度を適用しないことが要件です。

(3) 50%特例

主として軽減対象資産の譲渡等を行う事業者が、上記(1)(2)の特例の適用に当たって、「軽減売上割合」又は「小売等軽減仕入割合」を計算することにつき「困難な事情があるとき」は、その割合を50%とすることができます（平28改法附則38①②④）。

2 複数の事業を営んでいる場合

複数の事業を営んでいる場合には、その事業ごとに「軽減売上割合」又は「小売等軽減仕入割合」を算出することができます（平28改令附則14①②）。

ただし、10日間特例と売上げの卸小売特例とを併用することはできません。

3 困難な事情

売上税額の計算の特例の適用には、「困難な事情があるとき」という要件があります。この場合、困難の程度は問わないものとされています（軽減通達21）。

4 適用期間

中小事業者は、令和5年9月30日までの4年間、適用することができます（平28改法附則38①②）。

◆ 売上税額の計算の特例

区　分	10日間特例 （軽減売上割合の特例）	売上げの卸小売特例 （小売等軽減仕入割合の特例）
適用対象	軽減対象資産の譲渡等を行う全ての中小事業者	軽減対象資産の譲渡等を行う、卸売業又は小売業を営む中小事業者
要　件	売上げを税率の異なるごとに区分することにつき「困難な事情があるとき」 10日間特例と売上げの卸小売特例とを併用することはできない。	・仕入れの卸小売特例を適用しない。 ・簡易課税制度を適用しない。
内　容	課税売上げ（税込）に「**軽減売上割合**」を乗じた金額を軽減対象資産の課税売上げ（税込）とする。	卸売業・小売業に係る課税売上げ（税込）に「**小売等軽減仕入割合**」を乗じた金額を卸売業・小売業に係る軽減対象資産の課税売上げ（税込）とする。
割　合	分母のうち軽減対象資産の課税売上げ（税込） 通常の連続する10営業日の課税売上げ（税込） （50％特例あり）	分母のうち軽減対象資産の課税仕入れ（税込） 卸売業・小売業に係る課税仕入れ（税込） （50％特例あり）
適用期間	令和元年10月1日から令和5年9月30日までの期間	

＊　中小事業者とは、基準期間における課税売上高が5,000万円以下である事業者をいいます。

> **コラム【税額計算の特例の名称】**
>
> 　10日間特例の法令における名称は、上記（　）書きの「軽減売上割合の特例」です。しかし、10日間特例の方がわかりやすいと思われるため、本書では、10日間特例と呼んで説明しています。売上げの卸小売特例についても、法令における名称は上記（　）書きの「小売等軽減仕入割合の特例」ですが、本書では、売上げの卸小売特例と呼んでいます。
>
> 　同様に、「小売等軽減売上割合の特例」は、本書では、仕入れの卸小売特例と呼んでいます。

Question110

10日間特例の計算方法

10日間特例（軽減売上割合の特例）の計算方法について、説明してください。

Answer

1　10日間特例による課税売上高の区分

10日間特例は、通常の事業を行う連続する10営業日について軽減対象資産の譲渡等を区分して計算した「軽減売上割合」を用いて、その課税期間の軽減対象資産の譲渡等の対価の額の合計額を計算する特例です（平28改法附則38①）。

❶　軽減対象税込売上額の計算

| 軽減対象税込売上額 | ＝ | 課税資産の譲渡等の税込価額の合計額 | × | 軽減売上割合 |

$$\text{軽減売上割合} = \frac{\text{分母のうち、軽減対象課税資産の譲渡等に係る部分の金額}}{\text{通常の事業を行う連続する10営業日の課税資産の譲渡等の税込価額の合計額}}$$

　　＊　50％特例により、軽減売上割合を50％とすることができます。

❷　標準税率の税込売上額

| 標準税率の税込売上額 | ＝ | 課税資産の譲渡等の税込価額の合計額 | － | 軽減対象税込売上額 |

2　割合の計算

割合は、顧客からの受領額を税込で計算します。

ここでいう通常の連続する10営業日とは、特例の適用を受けようとする期間内の通常の事業を行う連続する10営業日であれば、いつであるかは問いません（軽減通達22）。

第4章　税額の計算の特例　　147

Question111

10日間特例による計算の具体例

10日間特例は、具体的にどのような計算になりますか。

Answer

10日間特例の具体的な計算例は、次のとおりです。

【設例】
- 課税期間の課税資産の譲渡等の対価の額の合計額 ▶ 4,500万円
- 通常の事業を行う連続する10営業日の課税資産の譲渡等の税込価額の額 ▶ 140万円
- 上記期間の軽減対象資産の譲渡等の税込価額の額 ▶ 100万円
- 基準期間における課税売上高 ▶ 5,000万円以下

(1) **課税標準額の計算**

❶ 軽減対象資産の譲渡等に係る課税標準額

- 軽減対象税込売上額

$$4,500万円 \times \frac{100万円}{140万円} = 32,142,857円$$

- 軽減対象資産の譲渡等に係る課税標準額

$$32,142,857円 \times \frac{100}{108} = 29,761,904円 \quad \Rightarrow \quad 29,761,000円（千円未満切捨て）$$

❷ 標準税率の課税資産の譲渡等に係る課税標準額

- 軽減対象税込売上額以外の税込売上額

$$4,500万円 - 32,142,857円 = 12,857,143円$$

- 軽減対象資産の譲渡等以外の課税資産の譲渡等に係る課税標準額

$$12,857,143円 \times \frac{100}{110} = 11,688,311 \quad \Rightarrow \quad 11,688,000円（千円未満切捨て）$$

(2) **課税標準額に対する消費税額の計算**

❶ 軽減対象資産の譲渡等に係る課税標準額に対する消費税額

29,761,000円 × 6.24% = 1,857,086円

❷ 標準税率の課税資産の譲渡等に係る課税標準額に対する消費税額

11,688,000円 × 7.8% = 911,664円

❸ 課税標準額に対する消費税額

(2)❶ + (2)❷ = 2,768,750円

Question112
通常の事業を行う連続する10営業日

「軽減売上割合」を計算するうえで、「通常の事業を行う連続する10営業日」とは、どのように考えればよいのでしょうか。

Answer

1 特別の営業

10日間特例において、軽減売上割合は、10日間特例を適用する課税期間における通常の事業を行う連続する10営業日です。したがって、通常でない営業を行って意図的に有利の作り出された割合を軽減売上割合とすることはできません。

例えば、飲食料品と飲食料品以外の商品を販売する雑貨店が、一定期間に飲食料品だけを販売するといった特別な営業を行い、その期間を含む10営業日の売上高により軽減売上割合を計算するといったことは認められません。

2 特別の営業をはさむ通常の営業

1のような「通常の事業」でない営業日を除いた前後の連続する期間の合計10営業日は、「通常の事業を行う連続する10営業日」となります（軽減通達22）。

3 特売セール、週末セール

飲食料品を販売する店舗において、例えば、日常的に行っている特売セールや、通常、行っている週末セールは、上記の「特別の営業」にはあたりません。

このようなセールを行う日を含む連続する10営業日は、「通常の事業を行う連続する10営業日」となります。

Question 113

複数の軽減売上割合からの有利選択

10日間特例を適用する場合において、軽減売上割合を複数計算したときは、そのうち有利な割合を適用してもいいのでしょうか。

Answer

1 複数の割合からの選択は可能

例えば、その課税期間のうち、通常の事業を行う101日間の売上げを税率が異なるごとに区分した場合には、「通常の事業を行う連続する10営業日」における「軽減売上割合」は、100パターン計算されることになります。

ここでいう通常の連続する10営業日とは、特例の適用を受けようとする課税期間内の通常の事業を行う連続する10営業日であれば、いつかは問われません（軽減通達22）。

したがって、算出した軽減売上割合のうち、最も有利な割合を適用することができます。

2 50％特例の適用は不可

50％特例は、「軽減売上割合」を計算することにつき「困難な事情があるとき」は、主として軽減対象資産の譲渡等を行う事業者に限って、「軽減売上割合」を50％とすることを認める特例です（平28改法附則38④）。

したがって、「通常の事業を行う連続する10営業日」における「軽減売上割合」を計算することができる場合は、50％特例を適用することはできません。

なお、主として軽減対象資産の譲渡等を行う事業者とは、国内において行った課税資産の譲渡等の対価の額のうち、軽減対象資産の譲渡等の対価の額の占める割合がおおむね50％以上である事業者をいいます（軽減通達23）。したがって、50％特例を適用することにより、納税額が減少するといったメリットは期待できません。

Question114

申告期限までの10営業日における割合

その課税期間の売上げを税率が異なるごとに区分することができなければ、申告期限までの「通常の事業を行う連続する10営業日」の売上げを区分し、軽減売上割合とすることができるでしょうか。

Answer

その課税期間において「通常の事業を行う連続する10営業日」の売上げを区分することにとても不安があり、そこで、決算期末後、確定申告書を提出するまでの間に、「通常の事業を行う連続する10営業日」の売上げを区分し、これをもとに計算した軽減売上割合によって売上税額の計算の特例の適用受けたいと希望されているようです。

しかし、10日間特例において、軽減売上割合の計算の基礎となる通常の事業を行う連続する「10営業日」は、その課税期間における通常の事業を行う連続する10営業日をいいます。

決算期末後の翌課税期間における「通常の事業を行う連続する10営業日」の売上げの区分に基づく割合を「軽減売上割合」とすることはできません。

コラム【税額計算の特例は救済措置として妥当か】

税額計算の特例は、複数税率制度のスタートラインに立つ事業者の救済措置として妥当なものでしょうか。特例を利用すれば、実際に課税売上げ又は課税仕入れ等を税率の異なるごとに区分していなくても申告書を作成することができます。そうすると、特例を利用する限り、税率ごとの区分経理を行う業務フローは整えられないでしょう。そればかりか、特例の適用によって納付すべき税額が減少する場合もあるのです。

平成元年の消費税導入当初は、国税当局は、「消費税になじみの薄い我が国の現状を踏まえ、その執行に当たり、広報、相談及び指導を中心として弾力的運営を行う」（税制改革法17②）ものとされました。すなわち、税務調査で誤りが発見されても、直ちに更正処分を行うのではなく、その後の適正な申告のために助言や指導を行うということです。

このような弾力的運用のもと、全ての事業者にできる限り区分経理に対応してもらう、といったやり方もあったのではないでしょうか。

Question115

50%特例の要件

50％特例を適用することができる「主として軽減対象資産の譲渡等を行う事業者」とは、どのような事業者をいうのですか。

Answer

1 50％特例

10日間特例においては、その課税期間の通常の事業を行う連続する10営業日について、軽減対象資産の譲渡等の対価の額とそれ以外の課税資産の譲渡等とを区分して「軽減売上割合」を計算する必要があります。

また、売上げの卸小売特例においては、その事業者が行う卸売業及び小売業に係る課税仕入れ等を税率の異なるごとに区分して「小売等軽減仕入割合」を計算する必要があります。

これらの区分を行って「軽減売上割合」又は「小売等軽減仕入割合」を計算することにつき「困難な事情があるとき」は、主として軽減対象資産の譲渡等を行う事業者においては、「軽減売上割合」又は「小売等軽減仕入割合」を50％とすることができます（平28改法附則38④）。

2 困難な事情

「困難な事情があるとき」という要件につき、困難の度合いは問われません（軽減通達21）。

3 「主として軽減対象資産の譲渡等を行う事業者」

この場合の「主として軽減対象資産の譲渡等を行う事業者」とは、適用対象期間中に国内において行った課税資産の譲渡等の対価の額のうち、軽減対象資産の譲渡等の対価の額の占める割合がおおむね50％以上である事業者をいうものとされています（軽減通達23）。

Question116

売上げの卸小売特例の計算方法

売上げの卸小売特例（小売等軽減仕入割合の特例）による計算方法について、説明してください。

Answer

1 売上げの卸小売特例（小売等軽減仕入割合の特例）の計算方法

売上げの卸小売特例（小売等軽減仕入割合の特例）は、その事業に係る課税仕入れに占める軽減対象資産の売上げにのみ要する課税仕入れの割合、「小売等軽減仕入割合」を用いて、その期間の卸売業及び小売業に係る軽減対象税込売上額を計算する特例です（平28改法附則38②）。

❶ 卸売業及び小売業に係る軽減対象税込売上額の計算

軽減対象小売等税込売上額 ＝ 卸売業及び小売業に係る課税資産の譲渡等の税込価額の合計額 × 小売等軽減仕入割合

小売等軽減仕入割合 ＝ $\dfrac{\text{分母のうち、軽減対象課税資産の譲渡等にのみ要するものの金額}}{\text{卸売業及び小売業にのみ要する課税仕入れ等の税込対価の額の合計額}}$

50％特例により、軽減売上割合を50％とすることができます。

* 課税仕入れ等の税込対価の額の合計額とは、次の３つの合計額です。
　イ　国内において行った課税仕入れの支払対価の額（税込）
　ロ　特定課税仕入れに係る支払対価の額 × $\dfrac{110}{100}$
　ハ　保税地域からの引取りに係る課税貨物の課税標準額＋消費税等の額

❷ 卸売業及び小売業に係る標準税率の税込売上額

卸売業及び小売業に係る標準税率の税込売上額 ＝ 卸売業及び小売業に係る課税資産の譲渡等の税込価額の額の合計額 － 軽減対象小売等税込売上額

2 10日間特例又は簡易課税の適用がある場合

この特例は、10日間特例（軽減売上割合の特例）を適用する課税期間又は簡易課税制度の適用を受ける課税期間においては、適用することができません（平28改法附則38②）。

また、この特例は、卸売業及び小売業に係る課税資産の譲渡等についてのみ適用ができるものですから、卸売業及び小売業に特例を適用した場合には、これら以外の業種に係る課税資産の譲渡等については、通常の税額計算の方法によることになります。

卸売業及び小売業については売上げの卸小売特例を適用し、それ以外の事業については10日間特例を適用するといったことはできません。

Question117

売上げの卸小売特例による計算の具体例①

卸売業のみを行う法人です。売上げの卸小売特例を適用すると、具体的にどのような計算になりますか。

Answer

売上げの卸小売特例の具体的な計算は、次のとおりです。

【設例】
- 課税期間の課税資産の譲渡等の対価の額の合計額 ▶ 5,000万円
- 課税仕入れ等の税込対価の額 ▶ 4,000万円
- 上記のうち、軽減対象課税資産の譲渡等にのみ要するものの税込対価の額 ▶ 3,000万円
- 基準期間における課税売上高 ▶ 5,000万円以下

(1) 課税標準額の計算

❶ 軽減対象資産の譲渡等に係る課税標準額
- 軽減対象小売等税込売上額

$$5,000万円 \times \frac{3,000万円}{4,000万円} = 3,750万円$$

- 軽減対象資産の譲渡等に係る課税標準額

$$3,750万円 \times \frac{100}{108} = 34,722,222円 \quad \Rightarrow \quad 34,722,000円（千円未満切捨て）$$

❷ 標準税率の課税資産の譲渡等に係る課税標準額
- 軽減対象小売等税込売上額以外の税込売上高

$$5,000万円 - 3,750万円 = 1,250万円$$

- 軽減対象資産の譲渡等以外の課税資産の譲渡等に係る課税標準額

$$1,250万円 \times \frac{100}{110} = 11,363,636円 \quad \Rightarrow \quad 11,363,000円（千円未満切捨て）$$

(2) 課税標準額に対する消費税額の計算

❶ 軽減対象資産の譲渡等に係る課税標準額に対する消費税額

34,722,000円 × 6.24% = 2,166,652円

❷ 標準税率の課税資産の譲渡等に係る課税標準額に対する消費税額

11,363,000円 × 7.8% = 886,314円

❸ 課税標準額に対する消費税額

(2)❶ + (2)❷ = 3,052,966円

Question118

売上げの卸小売特例による計算の具体例②

小売業及び不動産賃貸業を行う法人です。小売業において販売する商品には食品と食品以外があることから、売上げの卸小売特例を適用したいと考えています。具体的にどのような計算になりますか。

Answer

小売業及び不動産賃貸業を行う場合の売上げの卸小売特例（小売等軽減仕入割合の特例）の具体的な計算は、次のとおりです。

【設例】
- 課税期間の課税資産の譲渡等の対価の額の合計額 ▶ 5,000万円
- 卸売業及び小売業に係る課税資産の譲渡等の税込価額の額の合計額 ▶ 4,000万円
- 不動産賃貸業の課税資産の譲渡等の税込価額の額の合計額 ▶ 1,000万円（標準税率）
- 卸売業及び小売業にのみ要する課税仕入れ等の税込対価の額 ▶ 3,500万円
- 上記のうち、軽減対象課税資産の譲渡等にのみ要するものの税込対価の額 ▶ 3,000万円
- 基準期間における課税売上高 ▶ 5,000万円以下

(1) **課税標準額の計算**

❶ 卸売業及び小売業に係る軽減対象資産の譲渡等に係る課税標準額
- 軽減対象小売等税込売上額
  $4,000万円 \times \dfrac{3,000万円}{3,500万円} = 34,285,714円$
- 卸売業及び小売業に係る軽減対象資産の譲渡等に係る課税標準額
  $34,285,714円 \times \dfrac{100}{108} = 31,746,031円$ ➡ 31,746,000円（千円未満切捨て）

❷ 卸売業及び小売業に係る標準税率の課税資産の譲渡等に係る課税標準額
- 軽減対象小売等税込売上額以外の税込売上高
  $4,000万円 - 34,285,714円 = 5,714,286円$
- 卸売業及び小売業に係る標準税率の課税資産の譲渡等に係る課税標準額
  $5,714,286円 \times \dfrac{100}{110} = 5,194,805円$ ➡ 5,194,000円（千円未満切捨て）

❸ 不動産賃貸業の課税資産の譲渡等に係る課税標準額（標準税率）
- 軽減対象資産の譲渡等以外の課税資産の譲渡等に係る課税標準額
  $1,000万円 \times \dfrac{100}{110} = 9,090,909円$ ➡ 9,090,000円（千円未満切捨て）

(2) **課税標準額に対する消費税額の計算**

❶ 卸売業及び小売業に係る軽減対象資産の譲渡等に係る課税標準額に対する消費税額

31,746,000円×6.24%=1,980,950円

❷ 卸売業及び小売業に係る標準税率の課税資産の譲渡等に係る課税標準額に対する消費税額

5,194,000円×7.8%=405,132円

❸ 不動産賃貸業の課税資産の譲渡等に係る課税標準額に対する消費税額

9,090,000円×7.8%=709,020円

❹ 課税標準額に対する消費税額

(2)❶+(2)❷+(2)❸=3,095,102円

Question119

10日間特例と売上げの卸小売特例の競合

複数の事業を行っている場合、同じ課税期間において、事業ごとに10日間特例と売上げの卸小売特例とをそれぞれ適用することができますか。

Answer

1 組合せ

複数の事業を行っている場合、10日間特例（軽減売上割合の特例）を適用するに当たって、事業ごとに軽減売上割合を算出することができます（平28改令附則14①）。

また、売上げの卸小売特例（小売等軽減仕入割合の特例）を適用するに当たって、事業ごとに小売等軽減仕入割合を算出することができます（平28改令附則14②）。

ただし、10日間特例（軽減売上割合の特例）と売上げの卸小売特例（小売等軽減仕入割合の特例）とを併用することはできません（平28改法附則38②）。

2 具体例

例えば、A事業（製造業）、B事業（小売業）及びC事業（卸売業）を営んでいる事業者の場合には、次のような判断となります。

区　分	適用可能				適用不可
	パターン1	パターン2	パターン3	パターン4	パターン5
A事業（製造業）	10日間特例 全ての事業の売上げの合計額から軽減売上割合を算出	10日間特例 A事業の売上げから軽減売上割合を算出	本来の計算	本来の計算	10日間特例 A事業の売上げから軽減売上割合を算出
B事業（小売業）		10日間特例 C事業の売上げから軽減売上割合を算出		卸小売特例 B事業の仕入れから小売等軽減仕入割合を算出	卸小売特例 B及びC事業の仕入れから小売等軽減仕入割合を算出
C事業（卸売業）		10日間特例 B事業の売上げから軽減売上割合を算出	卸小売特例 C事業の仕入れから小売等軽減仕入割合を算出	卸小売特例 C事業の仕入れから小売等軽減仕入割合を算出	

第4章　税額の計算の特例　157

Question120

売上対価の返還等の税率、貸倒れの税率

　売上税額の計算の特例を受けた課税資産の譲渡等につき、対価の返還等を行った場合の税率はどうなりますか。

Answer

1 売上対価の返還等についての特例の適用

　売上げに係る対価の返還等をした場合には、その対価の返還等の対象となった課税資産の譲渡等の事実に基づき、標準税率又は軽減税率を適用して売上対価の返還等に関する処理を行います。

　ただし、10日間特例又は売上げの卸小売特例の適用を受けた課税資産の譲渡等につき、その売上げに係る対価の返還等の金額を税率の異なるごとに区分することが困難な場合には、その対価の返還等の金額にその課税資産の譲渡等を行った課税期間における軽減売上割合又は小売等軽減仕入割合（これを50％とした場合は50％）を乗じて計算した金額によることができます（平28改法附則38⑤）。

2 貸倒れについての特例の適用

　課税資産の譲渡等に係る売掛金等の債権につき、貸倒れにより税込価額を領収することができなくなった場合には、その領収をすることができなくなった課税資産の譲渡等の事実に基づき、標準税率又は軽減税率を適用して貸倒れに関する処理を行います。

　ただし、10日間特例又は卸小売特例の適用を受けた課税資産の譲渡等につき、その領収をすることができなくなった税込価額を税率の異なるごとに区分することが困難な場合には、その領収をすることができなくなった税込価額にその課税資産の譲渡等を行った課税期間における軽減売上割合又は小売等軽減仕入割合（これを50％とした場合は50％）を乗じて計算した金額によることができます（平28改法附則38⑥）。

Question121

仕入税額の計算の特例の概要

仕入税額の計算の特例について、その概要を説明してください。

Answer

1 仕入税額の計算の特例

小売業及び卸売業を行う中小事業者は、課税仕入れを税率ごとに区分して合計することにつき「困難な事情があるとき」は、仕入れの卸小売特例（小売等軽減売上割合の特例）より仕入税額を計算することができます（平28改法附則39①）。

仕入れの卸小売特例（小売等軽減売上割合の特例）

> その課税期間の卸売業及び小売業に係る課税仕入れの総額に、「**小売等軽減売上割合**」（その事業に係る課税売上げに占める軽減対象資産の売上げの割合）を乗じて、その事業に係る軽減対象資産に係る課税仕入れを算出する方法

* 複数の卸売業又は小売業事業を営んでいる場合には、その事業ごとに「小売等軽減売上割合」を算出することができます（平28改令附則14③）。
* 売上げの卸小売特例及び簡易課税制度を適用しないことが要件です。
* 小売業卸売業以外の課税仕入れ等については、本来の計算を行うことになります。

2 簡易課税制度の届出特例

簡易課税制度は、原則として、次の2つの要件を満たす場合に適用するものとされています（消法37①）。

> ① その課税期間が開始する前に「簡易課税制度選択届出書」を提出していること
> ② その課税期間の基準期間における課税売上高が5,000万円以下であること

ただし、軽減税率導入当初の特例として、令和元年10月1日から令和2年9月30日の属する課税期間の末日までの期間において、課税仕入れを税率が異なるごとに区分することが困難な事情があるときは、「簡易課税制度選択届出書」を提出した課税期間から簡易課税制度を適用することができます（平28改法附則40①）。

3 困難な事情

仕入れの卸小売特例及び簡易課税制度の届出特例の適用には、「困難な事情があるとき」という要件があります。

この場合、困難の程度は問わないものとされています（軽減通達21）。

4 適用期間

仕入税額の特例は、売上税額の特例と違って、原則**1年間**の適用期間となっていることに注意が必要です。

(1) 仕入れの卸小売特例は、令和元年10月1日から令和2年9月30日の属する課税期間の末日までの期間において適用することができます（平28改法附則38①）。

(2) 簡易課税制度の届出特例は、令和元年10月1日から令和2年9月30日までの日の属する課税期間の末日までに簡易課税制度選択届出書を提出した場合に適用することができます（平28改法附則40①）。

◆ 仕入税額の計算の特例

区　　分	仕入れの卸小売特例 （小売等軽減売上割合の特例）	簡易課税制度の届出特例
適用対象	卸売業・小売業を行う中小事業者	中小事業者
要　　件	・仕入れを税率の異なるごとに区分することにつき「困難な事情があるとき」 ・売上げの卸小売特例（小売等軽減仕入割合の特例）を適用しない。 ・簡易課税制度を適用しない。	
内　　容	卸売業・小売業に係る課税仕入れ（税込）に次の「小売等軽減売上割合」を乗じた金額を卸売業・小売業に係る軽減対象資産の課税仕入れ（税込）とする。 $\dfrac{\text{分母のうち軽減対象資産の課税売上げ（税込）}}{\text{卸売業・小売業に係る課税売上げ（税込）}}$	選択届出書を提出した課税期間から簡易課税制度を適用する。
適用期間	令和元年10月1日から令和2年9月30日の属する課税期間の末日までの期間	令和元年10月1日から令和2年9月30日までの日の属する課税期間の末日までの期間

*　中小事業者とは、基準期間における課税売上高が5,000万円以下である事業者をいいます。

5 仕入れに10日間特例はない

仕入税額の計算においては、売上げの10日間特例に相当する特例はありません。例えば、レストランは、食材の仕入れとそれ以外の仕入れがあるので、日々の仕入れに軽減税率の対象となるものと標準税率の対象となるものが混在することになり、仕入れの区分は、非常に煩雑になります。しかし、卸売業又は小売業ではないので、仕入税額の計算の特例はなく、国内において行った課税仕入れの全てを税率の異なるごとに区分しておかなければなりません。もし、それができないならば、簡易課税の適用を検討することになるでしょう。

Question122

仕入れの卸小売特例の計算方法

仕入れの卸小売特例（小売等軽減売上割合の特例）の計算方法について説明してください。

Answer

1 仕入れの卸小売特例による消費税額の計算

仕入れの卸小売特例は、卸売業及び小売業について、その事業に係る課税売上げに占める軽減対象資産の売上げの割合である「小売等軽減売上割合」を用いて、その事業に係る軽減対象資産に係る課税仕入れ等の税額を算出する特例です（平28改法附則39①）。

❶ 卸売業及び小売業に係る軽減対象資産の課税仕入れ等の税額

軽減税率対象の仕入税額 ＝ 卸売業及び小売業に係る課税仕入れ等に係る支払対価の額（税込）及び課税貨物に係る税込引取額の合計額 × 小売等軽減売上割合 × $\frac{6.24}{108}$

小売等軽減売上割合 ＝ $\frac{\text{分母のうち、軽減対象資産の譲渡等の税込価額の合計額}}{\text{卸売業及び小売業に係る課税資産の譲渡等の税込価額の合計額}}$

❷ 卸売業及び小売業に係る軽減対象資産以外の資産の課税仕入れ等の税額

標準税率対象の仕入税額 ＝ （卸売業及び小売業に係る課税仕入れ等に係る支払対価の額（税込）及び課税貨物に係る税込引取額の合計額 － 軽減対象小売等税込課税仕入れ等の金額）× $\frac{7.8}{110}$

2 卸売業及び小売業以外の事業

この特例により区分することができるのは、卸売業及び小売業に係る課税仕入れ等であり、卸売業及び小売業以外の課税仕入れ等については、個々に軽減対象資産の譲渡等と標準税率が適用される課税資産の譲渡等とに区分しなければなりません。

Question123

仕入れの卸小売特例による計算の具体例（全額控除）

　食品及び雑貨の小売業を行う法人において全額控除で仕入れの卸小売特例を適用した場合の具体的な計算はどのようになりますか。

Answer

【設例】
- 課税仕入れの支払対価の額（税込）▶ 4,000万円
- 課税資産の譲渡等の税込価額の合計額 ▶ 5,000万円
- 上記のうち、軽減対象資産の譲渡等の税込価額の合計額 ▶ 3,000万円
- 計算方法 ▶ 全額控除
- 基準期間における課税売上高 ▶ 5,000万円以下

控除対象仕入税額の計算

❶　軽減対象小売等税込課税仕入れ等の税額

　　課税仕入れ等の合計額　$4,000万円 \times \dfrac{3,000万円}{5,000万円} = 2,400万円$

　　この税額　$2,400万円 \times \dfrac{6.24}{108} = 1,386,666円$

❷　標準税率の税込課税仕入れ等の税額

　　課税仕入れ等の合計額　$4,000万円 - 2,400万円 = 1,600万円$

　　この税額　$1,600万円 \times \dfrac{7.8}{110} = 1,134,545円$

❸　控除対象仕入税額

　　❶＋❷＝2,521,211円

Question124

仕入れの卸小売特例による計算の具体例
（一括比例配分方式）

小売業及び不動産賃貸業を行う法人であり、一括比例配分方式を適用しています。販売する商品には食品と食品以外があることから、仕入れの卸小売特例を適用したいと考えています。具体的にどのような計算になりますか。

Answer

【設例】
- 課税期間の課税仕入れの支払対価の額（税込）▶ 4,500万円
- 上記のうち、小売業に係る課税仕入れの支払対価の額（税込）▶ 4,000万円
- 不動産賃貸業に係る課税仕入れの支払対価の額（税込）▶ 500万円（標準税率）
- 小売業に係る課税資産の譲渡等の税込価額の合計額 ▶ 5,000万円
- 上記のうち、軽減対象資産の譲渡等の税込価額の合計額 ▶ 3,000万円
- 計算方法 ▶ 一括比例配分方式（課税売上割合 ▶ 80%）
- 基準期間における課税売上高 ▶ 5,000万円以下

(1) **小売業に係る課税仕入れ等の税額の計算**

❶ 軽減対象小売等税込課税仕入れ等の税額

課税仕入れ等の合計額　$4,000万円 \times \dfrac{3,000万円}{5,000万円} = 2,400万円$

この税額　$2,400万円 \times \dfrac{6.24}{108} = 1,386,666円$

❷ 小売業に係る軽減対象課税資産以外の税込課税仕入れ等の税額

$4,000万円 - 2,400万円 = 1,600万円$

この税額　$1,600万円 \times \dfrac{7.8}{110} = 1,134,545円$

❸ 小売業に係る課税仕入れ等の税額

$1,386,666円 + 1,134,545円 = 2,521,211円$

(2) **不動産賃貸業に係る課税仕入れ等の税額**

$500万円 \times \dfrac{7.8}{110} = 354,545円$

(3) **控除対象仕入税額の計算**

$((1)❸ + (2)) \times 80\% = 2,300,604円$

Question125

仕入れの卸小売特例の計算の具体例（個別対応方式）

卸売業及び不動産賃貸業を行う法人であり、個別対応方式を適用しています。卸売業につき、仕入れの卸小売特例を適用すると、具体的にどのような計算になりますか。

Answer

【設例】
- 課税期間の課税仕入れの支払対価の額（税込） ▶ 4,500万円
- 卸売業に係る課税仕入れの支払対価の額（税込） ▶ 4,000万円（全て課税売上対応分）
- 不動産賃貸業に係る課税仕入れの支払対価の額（税込） ▶ 500万円（標準税率）
- 上記のうち、課税売上対応分 ▶ 100万円　共通対応分 ▶ 400万円
- 卸売業に係る課税資産の譲渡等の税込価額の合計額 ▶ 5,000万円
- 上記のうち、軽減対象資産の譲渡等の税込価額の合計額 ▶ 3,000万円
- 計算方法 ▶ 個別対応方式（課税売上割合 ▶ 80%）
- 基準期間における課税売上高 ▶ 5,000万円以下

(1) 卸売業に係る課税仕入れ等の税額の計算

❶ 軽減対象小売等税込課税仕入れ等の税額

課税仕入れ等の合計額　$4,000万円 \times \dfrac{3,000万円}{5,000万円} = 2,400万円$

この税額　$2,400万円 \times \dfrac{6.24}{108} = 1,386,666円$

❷ 卸売業に係る軽減対象課税資産以外の税込課税仕入れ等の税額

課税仕入れ等の合計額　$4,000万円 - 2,400万円 = 1,600万円$

この税額　$1,600万円 \times \dfrac{7.8}{110} = 1,134,545円$

❸ 卸売業に係る課税仕入れ等の税額（全て課税売上対応分）

$1,386,666円 + 1,134,545円 = 2,521,211円$

(2) 不動産賃貸業に係る課税仕入れ等の税額

❶ 課税売上対応分の税額　$100万円 \times \dfrac{7.8}{110} = 70,909円$

❷ 共通対応分の税額　$400万円 \times \dfrac{7.8}{110} = 283,636円$

(3) 控除対象仕入税額の計算

(1)❸ + (2)❶ + (2)❷ × 80% = 2,819,028円

Question126

仕入れに10日間特例はない

仕入税額の特例には、売上げ税額に係る10日間特例に相当する特例はないのですか。

Answer

1 仕入税額の計算の特例は卸小売業のみ

売上税額の計算の特例には、次の特例があります。

① 業種を問わない10日間特例（軽減売上割合の特例）
② 卸売業及び小売業に適用する売上げの卸小売特例（小売等軽減仕入割合の特例）

他方、仕入税額の計算については、仕入れの卸小売特例（小売等軽減売上割合の特例）はありますが、10営業日の軽減対象資産の課税仕入れ等の割合をもって課税仕入れ等を区分するといった特例はありません。

卸売業及び小売業以外の事業について、課税仕入れ等を税率の異なるごとに区分することにつき「困難な事情があるとき」は、簡易課税制度の適用を検討することになります。

2 売上げの10日間特例と仕入れの卸小売特例を併用する場合

卸売業又は小売業においては、売上税額の計算において10日間特例を適用していても、あわせて、仕入税額の計算について、仕入れの卸小売特例を適用することができます。この場合には、売上税額の計算において適用した「軽減売上割合」を「小売等軽減売上割合」として、卸売業及び小売業に係る仕入税額を計算することになります（平28改令附則15）。

また、売上税額の特例には、「軽減売上割合」を計算することにつき困難な事情があるときは、この割合を50％とする特例があります。売上税額の計算に10日間特例を適用する場合において、「軽減売上割合」を50％としたときは、「小売等軽減売上割合」も50％となります（平28改令附則15）。

区分	売上げについて原則計算をする場合	売上げに10日間特例を適用する場合
小売等軽減売上割合	分母のうち軽減対象課税売上げ（税込）／卸売業及び小売業に係る課税売上げ（税込）	軽減売上割合又は50％

Question127

売上税額の計算の特例と仕入税額の計算の特例の適用関係

売上税額の計算の特例と仕入税額の計算の特例は、併用できますか。

Answer

1 全ての売上げを税率ごとに区分している場合

全ての課税売上げを税率ごとに区分している場合は、「困難な事情」はないため、10日間特例又は売上げの卸小売特例を適用することはできません。

この場合、中小事業者は、仕入れの卸小売特例又は簡易課税制度を適用することができます。

2 売上げに10日間特例を適用する場合

卸売業又は小売業を営む中小事業者は、売上げについて、10日間特例を適用する場合であっても、仕入れの卸小売特例を適用することができます。この場合、軽減売上割合が小売等軽減売上割合となります。

10日間特例において、軽減売上割合の計算が困難な事業者であって、主として軽減税率の対象品目の譲渡等を行う事業者は、その割合を50％とすることができます。「軽減売上割合」を50％とした場合には、「小売等軽減売上割合」も50％となります（平28改令附則15）。

また、売上げについて、10日間特例を適用する場合であっても、中小事業者は、簡易課税制度を適用することができ、届出特例を適用することができます。

ただし、簡易課税制度には適用制限があるので、**Question132**、**Question133**を参照してください。

3 売上げに卸小売特例を適用する場合

売上げについて、卸小売特例を適用する場合は、仕入税額に特例を適用することはできません。また、簡易課税制度を適用することもできません。

4 10日間特例と売上げの卸小売特例の併用はできない

売上税額について、10日間特例と売上げの卸小売特例とを併用することはできません。

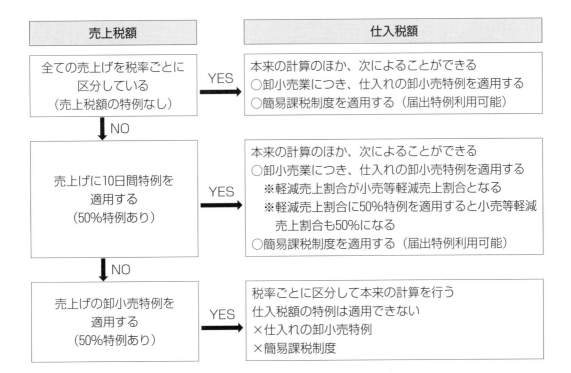

Question128

売上げに10日間特例、仕入れに卸小売特例を適用する場合の計算の具体例

卸売業及び不動産賃貸業を行う法人であり、個別対応方式を適用しています。売上げの10日間特例と仕入れの卸小売特例を併用する場合、具体的にどのような計算になりますか。

Answer

【設例】
- 課税期間の課税資産の譲渡等の対価の額の合計額 ▶ 5,000万円
- 通常の事業を行う連続する10営業日の課税資産の譲渡等の税込価額の額 ▶ 200万円
- 上記のうち、軽減対象課税資産の譲渡等の税込価額の額 ▶ 150万円
- 課税期間の課税仕入れの支払対価の額（税込） ▶ 4,500万円
- 卸売業に係る課税仕入れの支払対価の額（税込） ▶ 4,000万円（全て課税売上対応分）
- 不動産賃貸業に係る課税仕入れの支払対価の額（税込） ▶ 500万円（標準税率）
  上記のうち、課税売上対応分 ▶ 100万円　共通対応分 ▶ 400万円
- 計算方法 ▶ 個別対応方式（課税売上割合 ▶ 80%）
- 基準期間における課税売上高 ▶ 5,000万円以下

(1) 課税標準額の計算

❶ 軽減対象資産の譲渡等に係る課税標準額

- 軽減対象税込売上額

  $5,000万円 \times \dfrac{150万円}{200万円} = 37,500,000円$

- 軽減対象資産の譲渡等に係る課税標準額

  $37,500,000円 \times \dfrac{100}{108} = 34,722,222円$　➡　34,722,000円（千円未満切捨て）

❷ 標準税率の課税資産の譲渡等に係る課税標準額

- 軽減対象税込売上額以外の税込売上高

  $5,000万円 - 37,500,000円 = 12,500,000円$

- 軽減対象資産の譲渡等以外の課税資産の譲渡等に係る課税標準額

  $12,500,000円 \times \dfrac{100}{110} = 11,363,636円$　➡　11,363,000円（千円未満切捨て）

(2) 課税標準額に対する消費税額の計算

❶ 軽減対象資産の譲渡等に係る課税標準額に対する消費税額

$34,722,000円 \times 6.24\% = 2,166,652円$

❷ 標準税率の課税資産の譲渡等に係る課税標準額に対する消費税額
  11,363,000円×7.8%＝886,314円
❸ 課税標準額に対する消費税額
  ❶+❷＝3,052,966円
(3) **卸売業及び小売業に係る課税仕入れ等の税額の計算**
❶ 軽減対象小売等税込課税仕入れ等の税額
  課税仕入れ等の合計額　4,000万円×$\frac{150万円}{200万円}$（軽減売上割合）＝3,000万円
  この税額　3,000万円×$\frac{6.24}{108}$＝1,733,333円
❷ 卸売業及び小売業に係る標準税率の税込課税仕入れ等の税額
  課税仕入れ等の合計額　4,000万円－3,000万円＝1,000万円
  この税額　1,000万円×$\frac{7.8}{110}$＝709,090円
❸ 卸売業及び小売業に係る課税仕入れ等の税額（全て課税売上対応分）
  ❶+❷＝2,442,423円
(4) **不動産賃貸業に係る課税仕入れ等の税額**
❶ 課税売上対応分の税額　100万円×$\frac{7.8}{110}$＝70,909円
❷ 共通対応分の税額　400万円×$\frac{7.8}{110}$＝283,636円
(5) **控除対象仕入税額の計算**
  (3)❸+(4)❶+(4)❷×80%＝2,740,240円

Question129

仕入れの卸小売特例を適用した場合に保存する請求書等

仕入れの卸小売特例を適用した場合、区分記載請求書等の保存は必要ですか。

Answer

1 区分記載請求書等の記載事項

「区分記載請求書等」の記載事項は、次のとおりです（消法30⑨一、平28改法附則34②）。

区分記載請求書等の記載事項
①　書類の作成者の氏名又は名称
②　課税資産の譲渡等を行った年月日
③　課税資産の譲渡等に係る資産又は役務の内容 　　軽減対象資産の譲渡等にはその旨
④　課税資産の譲渡等の対価の額（税込価額） 　　軽減対象資産の譲渡等がある場合には、税率ごとに合計した税込価額
⑤　書類の交付を受ける当該事業者の氏名又は名称

2 仕入れの卸小売特例と請求書等の保存の関係

消費税法30条7項が帳簿及び区分記載請求書等の保存を要求するのは、課税仕入れの事実を正確に把握するためです。そして、改正法には、仕入税額に計算において、仕入れの卸小売特例を適用した場合に、その保存を免除する規定は見当たりません。したがって、たとえ仕入れについて卸小売特例の適用を受けたとしても、請求書等の保存は必要です。

3 軽減対象資産の譲渡等である旨等の追記

上記1の記載事項うち、下線を付けた部分は、軽減税率の導入に対応するために記載事項として加えられたものであり、これらの事項は、交付を受けた請求書等に記載がない場合には、その交付を受けた事業者が事実に基づき追記することが認められます（平28改法附則34③）。

しかし、仕入れをその税率ごとに区分することにつき困難な事情がある事業者においては、これを追記することも困難です。また、仕入れの卸小売特例は、課税仕入れについて個々に適用されるべき税率によって区分するのではなく、売上げの比率によって区分するのですから、請求書等の保存がある場合には、その請求書等に「軽減対象資産の譲渡等にはその旨」及び「税率ごとに合計した税込価額」の記載がなくても、仕入税額控除を適用することができます。

Question 130

簡易課税制度の概要

簡易課税制度の概要について説明してください。

Answer

1 簡易課税制度による控除対象仕入税額

簡易課税制度は、実際の課税仕入れ等にかかわらず、売上げの税額に業種ごとに定められたみなし仕入率を乗じて、控除対象仕入税額を計算する特例です（消法37①）。

複数の税率が存在しても、簡易課税制度を適用すれば、課税仕入れ等を税率が異なるごとに区分する必要はありません。

控除対象仕入税額 ＝ 課税標準額に対する消費税額 △ 売上対価の返還等の金額に係る消費税額 ＋ 貸倒れの回収に係る消費税額 × みなし仕入率

第1種事業（卸売業）	90%
第2種事業（小売業）	80%
第3種事業（製造業等）	70%
第4種事業（他に該当しない事業）	60%
第5種事業（サービス業等）	50%
第6種事業（不動産業）	40%

2 簡易課税制度の適用要件

簡易課税制度は、次のいずれにも該当する場合に適用されます（消法37①）。

① その課税期間の開始前に簡易課税制度選択届出書を提出していること*
② その課税期間の基準期間における課税売上高が5,000万円以下であること

* 届出書を提出した日の属する課税期間が事業を開始した日の属する課税期間等である場合には、その提出した日の属する課税期間から適用することができます（消法37①）。

Question131

簡易課税制度の届出特例

簡易課税制度の届出特例について説明してください。

Answer

1 簡易課税制度の届出特例

前問のとおり、簡易課税制度は、原則として、その課税期間の開始前に簡易課税制度選択届出書を提出していることが適用の要件となっています。

ただし、令和元年10月1日から令和2年9月30日の属する課税期間の末日までの期間においては、課税仕入れを税率が異なるごとに区分することが困難な事情があるときは、「簡易課税制度選択届出書」を提出した課税期間から簡易課税制度を適用することができるものとされています（平28改法附則40①）。

令和元年10月1日から令和2年9月30日までの日の属する課税期間

簡易課税制度の事後選択が可能 （提出した課税期間から適用）

2 申告期限ではないことに注意

この特例は、届出書を提出した課税期間から簡易課税制度を適用することを認めるものです。課税期間の末日までの届出であり、申告期限でないことに留意しなければなりません。

3 届出書に適用時期を記載する

簡易課税制度選択届出書には、適用開始課税期間を記載することになります。特例の適用を受ける場合には、その旨を誤りなく記載しましょう。

Question132

簡易課税制度の2年間継続適用

簡易課税制度を選択すると、2年間継続して適用しなければならないそうですが、その仕組みを教えてください。

Answer

1 不適用届出書の提出制限による2年間継続適用のしくみ

簡易課税制度選択届出書の効力は、簡易課税制度選択不適用届出書を提出した課税期間の翌課税期間の初日に失効します。ただし、簡易課税制度選択不適用届出書は、簡易課税制度の適用を開始した課税期間の初日から2年を経過する日の属する課税期間の初日以後でなければ提出することができません（消法37⑤⑥）。

簡易課税制度は、その選択をやめる届出に制限があるため、事業を廃止した場合を除き、2年間継続して適用することになります。

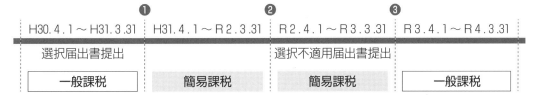

- 簡易課税制度選択届出書を提出し、❶（平成31年4月1日）から簡易課税となります。
- 簡易課税制度選択不適用届出書は、❶から2年を経過する日の属する課税期間の初日である❷（令和2年4月1日）以後、提出することができます。
- ❷に簡易課税制度選択不適用届出書を提出すると、❸（令和3年4月1日）以後は簡易課税制度選択の効力がなくなります。

2 簡易課税制度の選択の判断

簡易課税制度の選択は、この2年間の継続適用の取扱いを考慮して検討しなければなりません。

Question133

届出特例の適用時期と2年間継続適用

簡易課税制度の届出特例を利用して簡易課税制度を適用した場合において、その翌課税期間に税率ごとの区分ができることとなったときは、簡易課税制度は1年でやめることができますか。

Answer

1 簡易課税制度の届出特例

簡易課税制度の届出特例は、簡易課税制度を適用するうえでの、簡易課税制度選択届出書の提出時期についての特別措置です。その届出書を提出した課税期間から簡易課税制度を適当することができるという点以外は、特別の取扱いはありません。

2 2年間の継続適用

簡易課税制度は、届出特例によってその適用を開始した場合であっても、事業を廃止した場合を除き、2年間の継続適用となります。また、新たに設立した法人や事業年度を変更した法人等については、継続適用期間が2年を超える場合もあります。

なお、2年間の継続適用期間中であっても、基準期間における課税売上高が5,000万円を超える課税期間については、簡易課税制度の適用はありません。

例えば、次のとおり平成31年4月1日から令和3年3月31日までの課税期間は、簡易課税制度を適用することとなり、一般課税により申告することはできません。

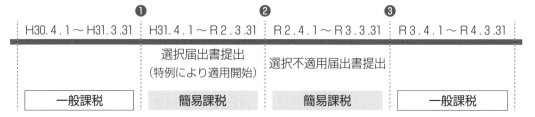

- 令和2年3月31日までに簡易課税制度選択届出書を提出をして届出特例によれば、❶（平成31年4月1日）から簡易課税となります。
- 簡易課税制度選択不適用届出書は、❶から2年を経過する日の属する課税期間の初日である❷（令和2年4月1日）以後、提出することができます。
- ❷に簡易課税制度選択不適用届出書を提出すると、❸（令和3年4月1日）以後は簡易課税制度選択の効力がなくなります。

Question134

課税期間の中途における簡易課税制度の適用開始

6月末決算法人です。簡易課税制度の届出特例を適用すれば、課税期間のうち、令和元年9月30日までは一般課税、令和元年10月1日以後は簡易課税制度適用とすることができますか。

Answer

1 簡易課税制度は課税期間ごとに適用

簡易課税制度は、その課税期間の控除対象仕入税額について、本来の計算に代えて、売上げに係る消費税額にみなし仕入率を乗じて計算するものです。たとえ課税期間の中途において軽減税率が導入される場合であっても、また、届出特例によったとしても、課税期間ごとに適用があるかどうかを判断することになります。

したがって、令和元年7月1日から令和2年6月30日までの課税期間について、令和元年9月30日までは一般課税とし、令和元年10月1日から簡易課税制度を適用するといったことはできません。

2 課税期間の特例を利用する場合

消費税の「課税期間」は、個人事業者においては、1月1日から12月31日までの期間、法人においては、事業年度とされています（消法19①一、二）。

ただし、これらの課税期間は、その事業者の届出により、1か月ごと又は3か月ごとに短縮することができます（消法19①三～四の二）。

法人の課税期間	
原則	事業年度
3か月特例	その事業年度をその開始の日以後3月ごとに区分した各期間
1か月特例	その事業年度をその開始の日以後1月ごとに区分した各期間

6月末決算法人が、令和元年9月30日までは一般課税とし、令和元年10月1日から簡易課税制度を適用するためには、令和元年9月30日でいったん課税期間を終了する必要があります。6月末決算法人は、3か月ごとに課税期間を短縮する方法で対応することができます。

Question 135

高額特定資産の仕入れ等をした場合

　高額特例資産の仕入れ等をした場合には簡易課税制度の適用が制限されます。一般課税で申告する3月末決算法人が、平成30年5月に5,000万円の店舗建物を仕入れた場合、軽減税率の導入があっても簡易課税制度を適用することはできませんか。

Answer

1 高額特定資産の仕入れ等をした場合の3年しばり

- 課税事業者が、一般課税により申告する課税期間中に
- 高額特定資産の仕入れ等を行った（平成27年12月31日までに契約を締結したものを除きます。）

　上記の場合には、その高額特定資産の仕入れ等の日の属する課税期間の翌課税期間から、その仕入れ等の日の属する課税期間の初日以後3年を経過する日の属する課税期間までの各課税期間においては、事業者免税点制度は適用されません（消法12の4①）。

　また、その高額特定資産の仕入れ等の日の属する課税期間の初日から、同日以後3年を経過する日の属する課税期間の初日の前日までの期間においては、簡易課税制度選択届出書を提出することができません（消法37③④）。

　つまり、高額特定資産の仕入れ等をして一般課税により申告した場合は、その課税期間から3年間は、事業者免税点制度及び簡易課税制度の適用をすることができないということです。

◆ 3月末決算法人の例

H30.4.1～H31.3.31	H31.4.1～R2.3.31	R2.4.1～R3.3.31
一般課税	一般課税	一般課税
高額特定資産の仕入れ等（平成27年以前の契約を除く）	令和3年3月31日まで、事業者免税点制度及び簡易課税制度の適用なし	

* 「高額特定資産の仕入れ等」とは、国内における高額特定資産の課税仕入れ又は高額特定資産に該当する課税貨物の保税地域からの引取りをいいます（消法12の4①）。
* 「高額特定資産」とは、一取引単位につき、支払対価の額が税抜1,000万円以上の棚卸資産（非課税資産を除く。）又は調整対象固定資産です（消法12の4①、消令25の5）。

2 調整対象固定資産の仕入れ等をした場合の3年しばり

次の①〜③の場合には、高額特定資産の仕入れ等をした場合と同様に、その調整対象固定資産定資産の仕入れ等の日の属する課税期間の初日以後3年を経過する日の属する課税期間までの各課税期間においては、事業者免税点制度及び簡易課税制度は適用されません（消法37③）。

① 課税事業者を選択して、その継続適用期間中に調整対象固定資産の仕入れ等を行い一般課税により申告した場合
② 新設法人が、基準期間がない期間中に調整対象固定資産の仕入れ等を行い一般課税により申告した場合
③ 特定新規設立法人が、基準期間がない期間中に調整対象固定資産の仕入れ等を行い一般課税により申告した場合

3 3年しばりの解除

上記 1 又は 2 に該当する場合する場合は、たとえ仕入れ等の日の属する課税期間の初日以後3年を経過する日の属する課税期間までの間に軽減税率が導入されても、簡易課税制度を適用することはできません。

ただし、令和元年10月1日から令和2年9月30日の属する課税期間の末日までの期間中において行った課税仕入れ等を税率の異なるごとに区分することにつき「著しく困難な事情があるとき」は、簡易課税制度の適用制限（3年しばり）は解除されます（平28改法附則40②）。

◇ 3月末決算法人の例

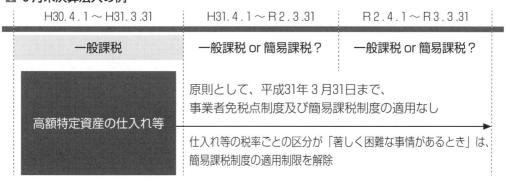

なお、簡易課税制度を適用すると、2年間は継続して適用しなければなりません。

Question136

「困難な事情」と「著しく困難な事情」

売上税額の計算の特例等における「困難な事情があるとき」という要件と、簡易課税制度の適用制限を解除する取扱いにおける「著しく困難な事情があるとき」という要件とは異なるものでしょうか。

Answer

1 「困難な事情があるとき」

売上げについて10日間特例、売上げの卸小売特例を適用することができるのは、課税資産の譲渡等に係る対価の額を税率が異なるごとに区分することにつき「困難な事情があるとき」です（平28改法附則38①②④）。また、仕入れの卸小売特例及び簡易課税制度の届出特例も、課税仕入れ等を税率が異なるごとに区分することにつき「困難な事情があるとき」に適用できるものとされています（平28改法附則39①、40①）。

この「困難な事情があるとき」という要件は、困難の度合いを問われません。

例えば、税率の異なるごとの管理が行えないことなどにより、税率の異なるごとに区分して合計することが困難である場合をいい、そのような場合には、これらの特例を適用することができます（軽減通達21）。

「困難な事情があるとき」という要件については、これまでも、その度合を問わない取扱いが行われてきた経緯があります。消費税法の創設時において、昭和63年12月30日法律第108号附則5条2項は、「基準期間における課税売上高を計算することにつき困難な事情があるときは、9条2項の規定にかかわらず、昭和64年1月1日から平成元年2月28日までの期間における課税売上高（中略）に6を乗じて計算した金額を基準期間における課税売上高とすることができる。」としていました。この特例計算は、事業者自身が困難な事情があると判断していれば、その適用を制限することはないものとされていました。

2 「著しく困難な事情があるとき」

他方、簡易課税制度の適用制限の除外規定については、「著しく困難な事情があるとき」が要件となっています（平28改法附則40②）。

これは、調整対象固定資産や高額特定資産の仕入れ等をした一般の事業者には簡易課税の事後選択を認めつつ、租税回避を考える事業者が簡易課税制度を適用することを防ぐ趣旨であり、「困難な事情があるとき」という要件とは異なるものです。

例えば、その課税期間中に軽減対象資産の課税仕入れとそれ以外の課税仕入れがある場

合であっても、軽減対象資産の課税仕入れがそれ以外の課税仕入れの回数に比し、著しく少ない場合などは、帳簿、保存書類等からこれらの課税仕入れを容易に区分することができると考えられ、他に考慮すべき事情があるときを除き、「著しく困難な事情があるとき」には該当しません（軽減通達24）。

また、例えば、建設業や不動産業など主として軽減対象資産の課税仕入れを行うものでない事業者が、自動販売機を設置した場合の清涼飲料水の仕入れや、福利厚生、贈答用として菓子等を仕入れた場合は、「著しく困難な事情があるとき」に該当しません。

Question137
簡易課税制度への影響

簡易課税制度を適用している事業者は実際の課税仕入れを集計する必要がないので、仕入れについて複数税率化の影響はないと考えてよろしいですか。

Answer

1 事務負担

簡易課税制度を適用している場合には、実際の課税仕入れに関係なく、売上げを第1種事業から第6種事業に区分し、それぞれの売上げに係る消費税額にみなし仕入率を適用して控除対象仕入税額を計算します。

複数税率制度下では、売上げを税率ごとに区分する必要があります。したがって、これまでの事業区分に加え、事業区分ごとに税率の区分も行わなければなりません。

2 控除対象仕入税額

簡易課税制度においては、売上げに適用される税率を基に仕入税額の計算が行われることとなります。

飲食料品の譲渡に該当して軽減税率8％が適用される売上げであっても、そのための仕入れには標準税率10％が適用されるものが存在するはずです。しかし、控除対象仕入税額は、売上げの税額から自動的に算出されるため、そのような仕入れの存在は考慮されません。また、レストランの売上げには10％の標準税率が適用され、その売上げの税額から控除対象仕入税額を計算しますが、食材の仕入れには軽減税率が適用されます。

したがって、単一税率制度にはない有利不利が生じます。

区分	適用する税率	軽減税率導入の影響
飲食料品の小売又は卸売を行う事業	売上げの税率：8％ 仕入れの税率：8％又は10％	単一税率よりも不利になる
飲食料品の製造販売を行う事業	売上げの税率：8％ 仕入れの税率：8％又は10％	単一税率よりも不利になる
レストラン事業	売上げの税率：10％ 仕入れの税率：8％又は10％	単一税率よりも有利になる

Question 138

飲食料品の譲渡を行う農林水産業のみなし仕入率

飲食料品の譲渡を行う事業者が簡易課税制度を適用していると不利になるとのことですが、何か手当されているのですか。

Answer

1 平成30年度税制改正

前問のとおり、飲食料品の譲渡を行う事業者が簡易課税制度を適用した場合には、標準税率10％が適用される仕入れが考慮されず、複数税率制度では単一税率制度に比べて簡易課税制度の適用が不利に働くことになります。

したがって、単一税率制度の下で設定されたみなし仕入率による負担水準を保つためには、売上げと仕入れの税率区分やその割合に応じて、業種区分を細分化してみなし仕入率を設定する必要があると考えられます。

平成30年度税制改正においては、消費税の軽減税率が適用される飲食料品を譲渡する農業、漁業、林業は第2種事業とされ、そのみなし仕入率を80％とすることとされました。

2 適用時期

みなし仕入率80％は、令和元年10月1日以後に行う譲渡に適用されます。

令和元年10月1日をまたぐ課税期間においては、課税期間の途中で事業区分を変更することになります。

【令和元年9月30日まで】
農業、林業、漁業は、全て第3種事業（みなし仕入率70％）

【令和元年10月1日以後】
農業、林業、漁業のうち飲食料品の譲渡を行う事業は、第2種事業（みなし仕入率80％）

第5章

適格請求書等保存方式

Question 139

インボイス制度の導入

インボイス制度は、導入されるのですか。

Answer

1 インボイス制度の導入

日本型インボイス制度は、「適格請求書等保存方式」として、令和5年10月1日に導入することとされています（平28改法附則1九）。

平成28年与党大綱において、「複数税率制度の下において適正な課税を確保する観点から」必要な制度であり、「事業者に十分な説明を行いつつ」導入するものとされました（平28与党大綱12頁）。

2 適格請求書等保存方式

「適格請求書等保存方式」とは、「適格請求書発行事業者登録制度」（いわゆる事業者登録制度）を基礎としています。

国税庁の登録を受けた「適格請求書発行事業者」には、課税資産の譲渡等につき、その相手の求めに応じ、「適格請求書」、「適格簡易請求書」又は「これらの書類の記載事項に係る電磁的記録（電子インボイス）」のいずれかを発行する義務があります。課税仕入れを行う事業者においては、これらのいずれかの保存及び帳簿の保存が仕入税額控除の要件となります（新消法30①⑦、57の4①）。

免税事業者や消費者からの課税仕入れは、仕入税額控除の対象となりません。

ただし、適格請求書等の交付が難しい取引については交付を免除する取扱いがあり、適格請求書等の保存が難しい取引には保存がなくても仕入税額控除を行うことができる取扱いがあります。

以下では、「適格請求書」、「適格簡易請求書」、「電子インボイス」をあわせて、「適格請求書等」といいます。

> **コラム【適格請求書等は小切手の役割】**
>
> 適格請求書等保存方式は、納税の義務と控除の権利の関係を明らかにする制度です。
>
> 適格請求書は、課税資産の譲渡等を行った事業者が、その取引について受け取った消費税を納税した証明です。仕入れを行った事業者は、その証明により仕入税額控除が可能となります。適格請求書は、小切手に例えることができます。

区分	請求書等保存方式 【令和元年9月まで】	区分記載請求書等保存方式 【令和元年10月～5年9月】	適格請求書等保存方式 【令和5年10月以後】
請求書等	事業者登録制度なし		事業者登録制度あり
	売り手に請求書等の交付義務なし 免税事業者も交付可 不正交付の罰則なし		売り手に適格請求書の交付義務あり（免除特例あり） 免税事業者・未登録事業者は交付不可 不正交付の罰則あり
	買い手に請求書等の保存義務あり		買い手に適格請求書等の保存義務あり
	請求書の記載事項 請求書発行者の氏名又は名称 取引年月日 取引の内容 取引の額 請求書受領者の氏名又は名称	区分記載請求書の記載事項 →同左プラス 軽減対象資産の譲渡等である旨 税率ごとに合計した対価の額 交付を受けた事業者による追記も可能	適格請求書の記載事項 →同左プラス 登録番号 適用税率 消費税額等
	小売業者等が交付する請求書、区分記載請求書は、受領者の名称記載不要		小売業者等は適格簡易請求書 消費税額等又は適用税率のいずれか記載 受領者の名称記載不要
	せり売りなど取次業者が代替発行した請求書等の保存で、仕入税額控除可		
	3万円未満の取引等に、請求書等の保存不要の取扱いあり		売り手の交付義務が免除される取引等に、適格請求書等の保存不要の取扱いあり
帳簿	買い手に帳簿の保存義務あり	買い手に帳簿の保存義務あり 軽減対象資産である旨を記載	
税額計算	免税事業者からの課税仕入れも控除可		免税事業者等からの課税仕入れは控除不可 （6年間は経過措置あり）
	取引総額からの 「割戻し計算」	税率ごとの取引総額からの 「割戻し計算」	売上げの税額計算は選択 ①「積上げ計算」 ②「割戻し計算」
			仕入れの税額計算は、「積上げ計算」又は売上げの税額が②とき「割戻し計算」可
	—	売上税額の計算の特例（中小4年間） 仕入税額の計算の特例（中小1年間） 簡易課税事後選択（中小1年間）	免税事業者等からの仕入控除 R5.10～R8.9…80% R8.10～R11.9…50%

Question140

適格請求書発行事業者登録制度

適格請求書発行事業者登録制度とは、どのような制度ですか。

Answer

1 適格請求書発行事業者登録制度

適格請求書発行事業者登録制度とは、仕入税額控除の仕組みの基礎となるものです。

免税事業者からの仕入れを仕入税額控除の対象としないという、区分記載請求書等保存方式との制度的な違いを支えるものです。

2 適格請求書発行事業者

「適格請求書発行事業者」とは、課税事業者であって、自ら税務署長に申請し、適格請求書を交付することのできる事業者として登録を受けた事業者をいいます（新消法57の2①〜③）。

3 登録

事業者から、登録申請書の提出を受けた税務署長は、登録拒否要件に該当しない場合には、適格請求書発行事業者登録簿に法定事項を登載して登録を行い、登録を受けた事業者に対して、その旨を書面で通知することとされています（新消法57の2③④⑤⑦）。

* 特定国外事業者（事務所、事業所等を国内に有しない国外事業者）は、消費税に関する税務代理人があること等が登録の要件となります（新消法57の2⑤二）。

4 登録拒否要件

事業者が、消費税法の規定に違反して罰金以上の刑に処せられ、その執行が終わり、又は執行を受けることがなくなった日から2年を経過しない者は、登録を受けることができません（新消法57の2⑤）。

5 適格請求書発行事業者の公表

交付を受けた請求書等が適格請求書に該当することを客観的に確認できるよう、適格請求書発行事業者登録簿に登載された事項については、インターネットを通じて公表されます（新消令70の5）。

適格請求書発行事業者登録簿の登載事項は、次のとおりです（新消令70の5①）。

① 適格請求書発行事業者の氏名又は名称及び登録番号
② 登録年月日
③ 法人（人格のない社団等を除く）については、本店又は主たる事務所の所在地

6 登録番号の構成

登録番号の構成は、次のとおりです（インボイス通達2-3）。

区分	登録番号
法人番号を有する課税事業者	「T」（ローマ字）＋法人番号（数字13桁） 例：T1234567890123
法人番号を有しない課税事業者 （個人事業者、人格のない社団等）	「T」（ローマ字）＋数字13桁 マイナンバー（個人番号）は用いない

＊ 請求書等への表記に当たり、半角・全角は問いません。

7 登録の取消し

税務署長は、次の場合に適格請求書発行事業者の登録を取り消すことができます（新消法57の2⑥）。

- 1年以上所在不明であること
- 事業を廃止したと認められること
- 合併により消滅したと認められること
- 消費税法の規定に違反して罰金以上の刑に処せられたこと

8 事業者免税点制度との適用関係

免税事業者は適格請求書発行事業者になることはできません。また、適格請求書発行事業者には、事業者免税点制度は適用されません（新消法9①、インボイス通達2-5）。

したがって、免税事業者が適格請求書等発行事業者となるためには、課税事業者を選択しなければなりません。また、適格請求書発行事業者は、基準期間における課税売上高及び特定期間における課税売上高が1,000万円以下となっても、取りやめの手続きを行わない限り、免税事業者となることはできません。

免税事業者が課税事業者となる課税期間の初日から登録事業者になろうとする場合には、その1か月前に手続きを行わなければなりません。

Question141

登録の申請開始

適格請求書等保存方式がスタートする令和5年10月1日から適格請求書発行事業者になるためには、いつ、申請手続きをすればいいのですか。

Answer

1 申請の受付開始

適格請求書発行事業者の申請の受付は、令和3年10月1日に開始します（平28改法附1八、44①）。

2 令和5年10月1日に登録を受けようとする場合

(1) 原則

適格請求書等保存方式が導入される令和5年10月1日に登録を受けようとする事業者は、令和5年3月31日まで*に登録申請書を所轄税務署長に提出する必要があります（平28改法附則44①）。

* 特定期間における課税売上高が1,000万円を超えたことにより課税事業者となる場合には、令和5年6月30日までとなります。

(2) 申請が遅れた場合

令和5年3月31日までに登録申請書を提出できなかったことにつき困難な事情がある場合において、令和5年9月30日までの間に登録申請書にその困難な事情を記載して提出し、税務署長により適格請求書発行事業者の登録を受けたときは、たとえ登録の通知が間に合わなくても、令和5年10月1日に登録を受けたこととみなされます（平28改令附則15）。

なお、「困難な事情」については、その困難の度合いは問いません（インボイス通達5-2）。したがって、課税事業者が令和5年9月30日までに登録申請書を提出した場合には、通常、登録日は、令和5年10月1日になるものと考えられます。ただし、税務署長からの登録の通知が届くまでには、相当の期間を要するものと考えられます。

> **コラム【義務が伴う事業者登録】**
> 課税事業者であっても自ら申請しない限り、登録されることはありません。適格請求書発行事業者には、適格請求書等を発行し保存する義務があることを了解した上で登録の申請をすることになります。

Question142

登録の通知が届くまでに発行する請求書

登録の通知を受け取っていない場合、適格請求書等は発行することができますか。

Answer

1 登録の効力

登録の効力は、通知を受けた日がいつであるかにかかわらず、適格請求書発行事業者登録簿に登載された日(登録日)に発生し、登録日から適格請求書等を発行することができます。

2 登録日から通知日まで

登録日から通知を受けるまでの間の取引について、既に請求書を交付している場合には、通知を受けた後、適格請求書の記載事項を満たした請求書を改めて相手方に交付する必要があります。

ただし、通知を受けた後に登録番号などの適格請求書の記載事項として不足する事項を相手方に書面等*で通知することで、既に交付した請求書と合わせて適格請求書の記載事項を満たすことができます(インボイス通達2-4)。

* この書面等は、既に交付した請求書との相互の関連が明確であり、書面等の交付を受ける事業者が適格請求書の記載事項を適正に認識できるものに限ります。

コラム【事業者登録制度は平成27年から存在していた】

平成27年度の税制改正により、電気通信利用役務の内外判定が変更され、国内事業者が国外事業者から受ける電気通信利用役務の提供についてはリバースチャージ方式又は国外事業者申告納税方式によることとなりました。国外事業者申告納税方式は、国外事業者が日本の国税庁に登録をして登録国外事業者となり登録番号が記載された請求書等を交付する仕組みです。日本においても、この分野では、すでに事業者登録制度の運用が始まっているといえるでしょう。

電気通信利用役務の提供に係る登録国外事業者は、令和5年10月1日に適格請求書発行事業者の登録を受けたものとみなされます(平28改法附則45①)。

Question143

新設法人の登録・新たに課税事業者となる場合の登録

新たに設立した法人が設立の日から登録する場合は、いつまでに申請するのですか。

Answer

1 法人設立の時から課税事業者である場合

設立時の資本金の額が1,000万円以上である法人、設立の日において特定新規設立法人に該当する法人は、その設立の事業年度は課税事業者となります（消法12の2①、12の3①）。

事業を開始した課税期間（通常は設立の日の属する課税期間）において課税事業者である法人は、「事業を開始した日の属する課税期間の初日から登録を受けようとする旨」を登録申請書に記載し、その事業を開始した日の属する課税期間の末日までに所轄税務署に提出したときは、その課税期間の初日に登録を受けたものとみなされます（新消令70の4、新消規26の4、インボイス通達2-2）。

2 法人設立の時から納税義務が免除される場合

免税事業者となる法人が、事業を開始した時から適格請求書発行事業者の登録を受けるためには、設立後、その課税期間の末日までに、課税事業者選択届出書と「事業を開始した日の属する課税期間の初日から登録を受けようとする旨」を記載した登録申請書を併せて提出することが必要です。

3 課税事業者が登録する場合

継続する事業者が、令和5年10月1日の属する課税期間の翌課税期間以後の課税期間において登録する場合は、その課税期間が開始する前に登録申請書を提出しなければなりません。

4 新たに課税事業者となる場合

免税事業者が課税事業者となる場合において、課税事業者となる課税期間の初日から登録を受けようとするときは、その課税期間の初日の前日から起算して1か月前の日までに、登録申請書を提出しなければなりません（新消法57の2②、新消令70の2）。

Question144

免税事業者が登録したいとき

免税事業者が登録をしたいときはどうすればいいのですか。

Answer

1 課税事業者の選択が必要

免税事業者は適格請求書発行事業者になることはできません（新消法9①、インボイス通達2-5）。免税事業者が適格請求書発行事業者になるためには、課税事業者を選択する必要があります。

2 令和5年10月1日から課税事業者を選択して登録する場合

免税事業者が令和5年10月1日の属する課税期間中に登録を受ける場合には、課税選択届出書を提出する必要はありません。

令和5年3月31日までに登録申請書を提出すれば、登録拒否要件に該当しない限り、令和5年10月1日に登録され、適格請求書発行事業者である課税事業者となります（平28改法附則44④、インボイス通達5-1）。

3 その後の課税期間に課税事業者を選択して登録する場合

令和5年10月1日の属する課税期間の翌課税期間以後に登録を受ける場合には、登録申請書及び課税事業者選択届出書を提出する必要があります（インボイス通達2-1）。

免税事業者が翌課税期間から課税事業者となることを選択し登録を受けようとする場合は、その翌課税期間の初日の前日から起算して1か月前の日（登録日が1月1日であればその前年の11月30日）までに、課税事業者選択届出書及び登録申請書を提出しなければなりません（新消法57の2②、新消令70の2）。

課税事業者選択届出書の効力は、課税事業者選択届出書を提出した日の属する課税期間の翌課税期間の初日以後、発生します。しかし、適格請求書発行事業者の登録は、その1か月前に行わなければなりませんから、適格請求書発行事業者となるために課税事業者を選択する場合には、その手続きをするべき時期が、従来よりも1か月早くなることに注意が必要です。

Question145
登録事業者が免税事業者になりたいとき

　登録事業者が、基準期間における課税売上高及び特定期間における課税売上高が1,000万円以下である課税期間について免税事業者になりたいときは、どうすればいいのですか。

Answer

1 事業者免税点制度と適格請求書発行事業者登録制度

　適格請求書発行事業者には、事業者免税点制度は適用されません（新消法9①、インボイス通達2-5）。したがって、適格請求書発行事業者は、基準期間における課税売上高及び特定期間における課税売上高が1,000万円以下となっても、登録取りやめの手続きを行わない限り、免税事業者となることはできません。

2 登録取りやめの手続き

　適格請求書発行事業者は、納税地を所轄する税務署長に、「登録取消届出書」（適格請求書発行事業者の登録の取消しを求める旨の届出書）を提出することにより、適格請求書発行事業者の登録の効力を失わせることができます（新消法57の2⑩一）。

3 登録取消届出書により登録の効力が消滅する日

　翌課税期間から登録を取り消したい場合は、その課税期間の末日から起算して30日前の日までに登録取消届出書を提出しなければなりません（新消法57の2⑩一）。

登録取消届出書の提出日	登録の効力が失効する日
課税期間の末日から起算して30日前の日まで	登録取消届出書の提出があった日の属する課税期間の翌課税期間の初日
課税期間の末日から起算して30日前の日から、その課税期間の末日までの間	その提出があった日の属する課税期間の翌々課税期間の初日

　※　適格請求書発行事業者が事業を廃止し、「適格請求書発行事業者の事業廃止届出書」を提出した場合は、事業を廃止した日の翌日に登録の効力が失われます（インボイス通達2-8）。
　※　適格請求書発行事業者である法人が合併により消滅し、「合併による法人の消滅届出書」を提出した場合には、法人が合併により消滅した日に登録の効力が失われます（インボイス通達2-7）。

Question146
適格請求書等の交付と保存の義務

適格請求書発行事業者は、適格請求書等を交付する義務があるのですか。

Answer

1 適格請求書等の交付と保存の義務

適格請求書発行事業者は、課税事業者から求められたときは、「適格請求書」又は「適格簡易請求書」を交付し、その写しを保存しなければなりません（新消法57の4①⑥）。

また、「適格請求書」又は「適格簡易請求書」の交付に代えて、「これらの書類に記載すべき事項に係る電磁的記録（電子インボイス）」を提供し、その電磁的記録を保存することができます（新消法57の4⑤）。

2 適格返還請求書等の交付と保存の義務

適格請求書発行事業者は、売上対価の返還等を行った場合には、「適格返還請求書」を交付し、その写しを保存しなければなりません。

3 保存期間

適格請求書等、適格返還請求書は、交付した日又は提供した日の属する課税期間の末日の翌日から2か月を経過した日から7年間、納税地又はその取引に係る事務所、事業所その他これらに準ずるものの所在地に保存しなければなりません（新消令70の13①）。

4 交付義務の免除

公共交通機関による旅客の運送など、適格請求書の交付義務が免除されるものがあります。

コラム【適格請求書等は免税事業者であることを告白する制度】

課税事業者が適格請求書発行事業者の登録を行わないケースは、ほとんど考えられません。適格請求書の保存は仕入税額控除の要件ですから、小切手の役割を果たすに等しい書類です。課税事業者が納税をするにもかかわらず、小切手の発行の権利を放棄することはないでしょう。

したがって、登録番号を持たない事業者は、取引のたびに、登録番号の記載のない請求書を発行することによって、自身が免税事業者であることを告白することになります。

Question147

適格請求書等の交付義務が免除されるもの

どのような場合に、適格請求書等の交付義務が免除されるのですか。

Answer

1 適格請求書等の交付義務が免除されるもの

次の課税資産の譲渡等については、適格請求書等の交付義務が免除されます。適格請求書及び適格簡易請求書のいずれも交付する義務はありません（新消法57の4①、新消令70の9）。

適格請求書の交付義務が免除されるもの
①　3万円未満の公共交通機関（船舶、バス又は鉄道）による旅客の運送（公共交通機関特例）
②　出荷者が卸売市場において行う生鮮食料品等の譲渡（出荷者から委託を受けた受託者が卸売の業務として行うものに限る。）
③　生産者が農協、漁協、森林組合等に委託して行う農林水産物の譲渡（無条件委託方式かつ共同計算方式により生産者を特定せずに行うものに限る。）
④　3万円未満の自動販売機による商品の販売等
⑤　郵便切手類のみを対価とする郵便・貨物サービス（郵便ポストに差し出されたものに限る。）

①の3万円未満の公共交通機関による旅客の運送かどうかは、1回の取引の税込価額が3万円未満かどうかで判定します（インボイス通達3-9）。一の商品（切符1枚）ごとの金額や、月まとめ等の金額ではありません。例えば、東京—大阪間の新幹線の大人運賃が13,000円であり、4人分の運送役務の提供を行う場合には、4人分の52,000円で判定することとなります（インボイスQ＆A問25）。したがって、この場合は、適格請求書等を交付する義務があります。

2 適格返還請求書の交付義務が免除されるもの

適格請求書等の交付義務が免除される事業については、適格返還請求書を交付する義務もありません（新消法57の4③、新消令70の9③）。

Question148

適格請求書の様式と記載事項

適格請求書には、定まった様式があるのですか。

Answer

1 適格請求書の様式

「適格請求書」とは、所定の事項を記載した請求書、納品書その他これらに類する書類をいいます（新消法57の4①）。様式の定めはありません。「適格請求書」とタイトルをつける必要もありません。また、手書きであってもかまいません。

請求書、納品書、領収書、レシート等、その名称を問わず、次の事項の記載のあるものは、適格請求書に該当します（新消法57の4①、インボイス通達3-1）。

2 適格請求書の記載事項

適格簡易請求書の記載事項は、次のとおりです。

適格請求書の記載事項
① 適格請求書発行事業者の氏名又は名称及び登録番号
② 課税資産の譲渡等を行った年月日
③ 課税資産の譲渡等に係る資産又は役務の内容（軽減対象資産の譲渡等には、その旨を付記）
④ 税抜価額又は税込価額を税率の異なるごとに区分して合計した金額及び適用税率
⑤ 消費税額等（消費税額及び地方消費税額の合計額）
⑥ 書類の交付を受ける事業者の氏名又は名称

①の適格請求書発行事業者の名称は、請求書を交付する事業者が特定できる場合には、屋号や省略した名称などの記載でも差し支えありません。例えば、電話番号を記載するなどの方法により、適格請求書を交付する事業者が特定できます。

3 納品書と請求書をあわせて記載事項を満たす場合

上記の記載事項は、一枚の請求書にその全てが記載されていなくてもかまいません。例えば、取引の内容や軽減税率の対象である旨については納品書に記載し、登録番号等他の事項は請求書に記載するなど、2種類の書類で適格請求書の記載事項を満たす場合には、2種類の書類を交付することで、適格請求書の交付義務を果たすことができます。

Question149

記載する消費税額等の計算方法

適格請求書に記載する消費税額等は、どのように計算するのですか。

Answer

1 適格請求書に記載する消費税額等の計算方法

適格請求書に記載する消費税額等は、次のいずれかによって算出した金額です（新消法57の4①五、②五、新消令70の10）。

① 税抜価額を税率の異なるごとに区分して合計した金額に、標準税率は10％、軽減税率は8％を乗じて計算した金額

② 税込価額を税率の異なるごとに区分して合計した金額に、標準税率は110分の10、軽減税率は108分の8を乗じて計算した金額

2 端数処理

1円未満は、一の適格請求書につき、税率ごとに、切上げ、切捨て、四捨五入など1回の端数処理を行います（新消令70の10、インボイス通達3-12、インボイスＱ＆Ａ問37）。

一の適格請求書に記載されている個々の商品ごとに消費税額等を計算して1円未満の端数処理を行い、その合計額を消費税額等として記載することは認められません。

コラム【電子インボイスの範囲の拡大】

平成28年度改正法においては、「適格請求書の記載すべき事項に係る電磁的記録（電子インボイス）」の提供には、あらかじめ買い手の承諾を得る必要があるものとされ、適格簡易請求書は、電磁的記録による提供の対象外となっていました（新消法57の4⑤）。

しかし、仕入税額控除の要件として、適格請求書等の記載事項に係る電磁的記録を受領した場合の保存方法は、その電磁的記録を書面に出力したものを保存する方法も認められることとされたため、適格請求書等の交付について、仕入税額控除を行う事業者が電磁的記録の保存に対応できない場合を想定した取扱いが必ずしも必要でなくなったこと等を踏まえ、適格請求書等の記載事項に係る電磁的記録を提供する場合に、あらかじめ課税資産の譲渡等を受ける事業者の承諾を得ることとする要件は削除されました。

また、電子レシート等の普及の実態等を踏まえ、平成30年度の改正により、適格簡易請求書についても、その記載事項に係る電磁的記録を提供することができることとされました。

Question150

適格請求書の具体例

適格請求書の具体例を示してください。

Answer

適格請求書の具体例は、次のとおりです。
① 適格請求書発行事業者の氏名又は名称及び登録番号
② 取引年月日
③ 取引内容（取引内容が軽減税率の適用対象である場合はその旨）
④ 税率ごとに区分した税抜価額又は税込価額の合計額及び適用税率
⑤ 税率ごとに区分した消費税額等
⑥ 書類の交付を受ける事業者の氏名又は名称

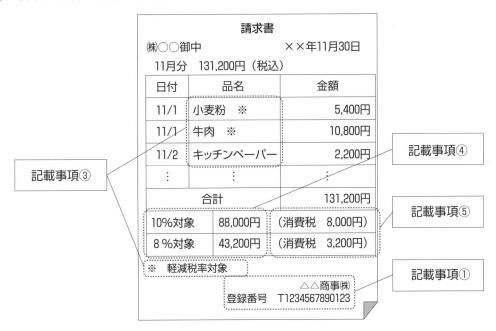

端数処理は、一の請求書について税率ごとに1回行う。

Question 151

適格簡易請求書の交付

適格簡易請求書は、どのような事業者に認められますか。また、どの記載事項を省略することができますか。

Answer

1 適格簡易請求書を交付できる事業

適格請求書発行事業者が、小売業、飲食店業、写真業、旅行業、タクシー業又は駐車場業等の不特定かつ多数の者に課税資産の譲渡等を行う事業を行う場合には、「適格請求書」に代えて「適格簡易請求書」を交付することができます（新消法57の4②、新消令70の11）。

また、適格簡易請求書の交付に代えて、その記載事項に係る電磁的記録（電子インボイス）を提供することもできます（新消法57の4⑤）。

2 適格簡易請求書の記載事項

適格請求書は「適用税率」及び「適用税率ごとの消費税額等」を記載事項としていますが、適格簡易請求書では「適用税率」又は「適用税率ごとの消費税額等」のいずれかを記載すればよいとされています。

また、適格簡易請求書では、「書類の交付を受ける事業者の氏名又は名称」は、省略することができます。

適格請求書の記載事項	適格簡易請求書の記載事項
①適格請求書発行事業者の氏名又は名称及び登録番号 ②課税資産の譲渡等を行った年月日 ③課税資産の譲渡等に係る資産又は役務の内容（軽減対象資産にはその旨を付記）	同左
④税抜価額又は税込価額を税率の異なるごとに区分して合計した金額及び適用税率 ⑤消費税額等	税抜価額又は税込価額を税率の異なるごとに区分して合計した金額 消費税額等又は適用税率
⑥書類の交付を受ける事業者の氏名又は名称	省略

Question152

適格簡易請求書の具体例

適格簡易請求書の具体例を示してください。

Answer

適格簡易請求書の具体例は、次のとおりです。
① 適格請求書発行事業者の氏名又は名称及び登録番号
② 取引年月日
③ 取引内容（取引内容が軽減税率の適用対象である場合はその旨）
④ 税率ごとに区分した税抜価額又は税込価額の合計額
⑤ 消費税額等又は適用税率

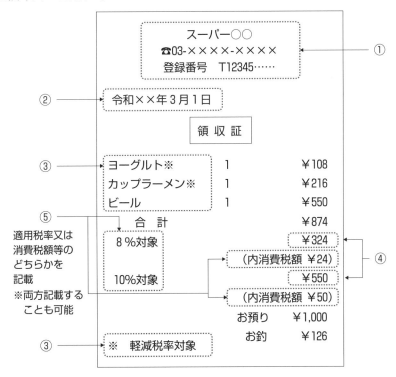

端数処理は、一の請求書について税率ごとに1回行う。

Question 153

適格返還請求書の記載事項

適格返還請求書の記載事項を教えてください。

Answer

1 適格返還請求書

　適格請求書発行事業者が売上げに係る対価の返還等を行った場合には、次の事項を記載した「適格返還請求書」又はその記載事項に係る電磁的記録を交付又は提供しなければなりません（新消法57の4③⑤）。

適格返還請求書の記載事項
①　適格請求書発行事業者の氏名又は名称及び登録番号
②　売上げに係る対価の返還等を行う年月日及びその売上げに係る対価の返還等の基となった課税資産の譲渡等を行った年月日
③　売上げに係る対価の返還等の基となる課税資産の譲渡等に係る資産又は役務の内容（軽減対象資産の譲渡等には、その旨を付記）
④　売上げに係る対価の返還等に係る税抜価額又は税込価額を税率の異なるごとに区分して合計した金額
⑤　売上げに係る対価の返還等の金額に係る消費税額等又は適用税率

　＊　②の記載は、適格請求書を交付した売上げに係るものについては、課税期間の範囲で一定の期間の記載で差し支えありません。

2 適格請求書と適格返還請求書を一の書類で交付する場合

　適格請求書と適格返還請求書それぞれに必要な記載事項を記載して、一枚の書類で交付することも可能です。

　例えば、請求書に、当月販売した商品について適格請求書として必要な事項を記載するとともに、前月分の販売奨励金や割戻しについて適格返還請求書として必要な事項を記載するといった方法です。

　また、継続して、課税資産の譲渡等の対価の額から売上げに係る対価の返還等の金額を控除した金額及びその金額に基づき計算した消費税額等を税率ごとに請求書等に記載することで、適格請求書に記載すべき「税率ごとに区分して合計した対価の額（税抜き又は税込み）」及び「税率ごとに区分した消費税額等」と、適格返還請求書に記載すべき上記④及び⑤の記載を満たすこともできます（インボイス通達3-16）。

Question154

適格返還請求書の具体例

適格返還請求書の具体例を示してください。

Answer

適格返還請求書の具体例は、次のとおりです。
① 適格請求書発行事業者の氏名又は名称及び登録番号
② 売上げに係る対価の返還等を行う年月日及びその売上げに係る対価の返還等の基となった課税資産の譲渡等を行った年月日（適格請求書を交付した売上げに係るものについては、課税期間の範囲で一定の期間の記載で差し支えありません。）
③ 売上げに係る対価の返還等の基となる課税資産の譲渡等に係る資産又は役務の内容（軽減対象資産の譲渡等には、その旨を付記）
④ 売上げに係る対価の返還等の税抜価額又は税込価額を税率ごとに区分して合計した金額
⑤ 売上げに係る対価の返還等の金額に係る消費税額等又は適用税率

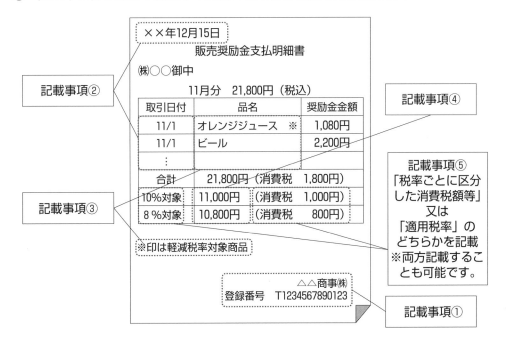

Question155

適格請求書等の記載事項に誤りがあった場合

適格請求書等の記載を誤った場合は、どうすればよいのでしょうか。

Answer

1 適格請求書発行事業者の対応

　適格請求書、適格簡易請求書又は適格返還請求書を交付した適格請求書発行事業者は、これらの書類の記載事項に誤りがあった場合には、これらの書類の交付先に対して、修正した適格請求書、適格簡易請求書又は適格返還請求書を交付しなければなりません（新消法57の4④⑤）。

　電子インボイスを提供した場合も、同様に、修正した記録内容を提供する必要があります。

2 交付を受けた事業者

　記載事項に誤りがある適格請求書の交付を受けた事業者は、仕入税額控除を行うために、売手である適格請求書発行事業者に対して修正した適格請求書の交付を求め、その交付を受ける必要があります。交付を受けた事業者が自ら追記や修正を行うことはできません。

適格請求書等の記載事項に誤りがあった場合	
交付した適格請求書発行事業者	交付を受けた事業者
修正して再交付する義務がある	再交付を受けて保存する必要がある

Question156

委託販売である場合

委託販売の委託者は、購入者に直接、適格請求書等を交付することができません。何か特別の取扱いはありますか。

Answer

1 原則的な取扱い

委託販売の場合、購入者に対して課税資産の譲渡等を行っているのは委託者ですから、委託者が購入者に対して適格請求書等を交付しなければなりません。

しかし、委託者が購入者に対して、直接、適格請求書等を交付することはできません。したがって、委託者の氏名又は名称及び登録番号を記載した委託者の適格請求書を、受託者が代理交付することが認められます。

1 媒介者交付特例

また、受託者が受託者の適格請求書を交付する「媒介者交付特例」があります。委託者をA、受託者をBとして説明しましょう。

「媒介者交付特例」は、次の①及び②の要件を満たすことにより、媒介又は取次ぎを行う者である受託者Bが、委託者Aの課税資産の譲渡等について、受託者Bの名称及び登録番号を記載した適格請求書を、購入者に交付することができる特例です（新消令70の12①）。

① 委託者A及び受託者Bが適格請求書発行事業者であること
② 委託者Aが受託者Bに、自己が適格請求書発行事業者の登録を受けている旨を取引前に通知していること

この場合、委託者Aは、次のように対応することになります（新消令70の12④、インボイス通達3-7）。

委託者Aの対応
イ　自己が適格請求書発行事業者の登録を受けている旨を取引前に通知する（個々の取引の都度通知する、事前に登録番号を書面等により通知する、基本契約書等に登録番号を記載するなどの方法による）。
ロ　自己が適格請求書発行事業者でなくなった場合には、その旨を速やかに受託者Bに通知する。
ハ　受託者Bから交付された適格請求書の写しを保存する。

また、受託者Bにおける対応は、次のようになります（新消令70の12①③、インボイス通達

3-8)。

受託者Bの対応
イ　交付した適格請求書の写し又は提供した電磁的記録を保存する。 ロ　交付した適格請求書の写し又は提供した電磁的記録を速やかに委託者Aに交付又は提供する。 ハ　ロについて、コピーが大量になるなど、適格請求書の写しそのものを交付することが困難な場合には、適格請求書の写しと相互の関連が明確、かつ、「課税資産の譲渡等の税抜価額又は税込価額を税率ごとに区分して合計した金額及び適用税率」や「税率ごとに区分した消費税額等」など、委託者の売上税額の計算に必要な一定事項を記載した精算書等を交付し、その精算書等の写しを保存する。

コラム【適格請求書発行事業者とそれ以外の事業者の共有資産の譲渡等】
　適格請求書発行事業者が適格請求書発行事業者以外の者と資産を共有している場合、その資産の譲渡や貸付けについては、所有者ごとに取引を合理的に区分し、相手方の求めがある場合には、適格請求書発行事業者の所有割合に応じた部分について、適格請求書を交付しなければなりません（インボイス通達3-5）。

Question157

任意組合が交付する適格請求書等

任意組合で共同事業を行う場合、適格請求書等を交付することができますか。

Answer

1 適格請求書等の交付

ジョイントベンチャーなどの任意組合等（民法の組合契約によって成立する組合、投資事業有限責任組合、有限責任事業組合等）については、組合員に対するパススルー課税が適用されます。

適格請求書等保存方式においては、任意組合等の事業として行う課税資産の譲渡等は、その組合員の全てが適格請求書発行事業者であり、業務執行組合員が、その旨を記載した届出書に、その任意組合等の契約書の写しを添付し、納税地を所轄する税務署長に提出した場合に限り、適格請求書を交付することができます（新消法57の6①、新消令70の14①）。

したがって、次に該当することとなったときは、該当することとなった日以後の取引については、適格請求書を交付することができません（インボイスＱ＆Ａ問32）。

① 適格請求書発行事業者でない新たな組合員を加入させた場合
② 任意組合等の組合員のいずれかが適格請求書発行事業者でなくなった場合

これらの場合に該当することとなったときは、業務執行組合員がその旨を記載した届出書を速やかに納税地を所轄する税務署長に提出しなければなりません（新消法57の6②）。

2 適格請求書発行事業者の氏名又は名称及び登録番号の記載

この場合、適格請求書等に記載する「適格請求書発行事業者の氏名又は名称及び登録番号」は、原則として組合員全員のものを記載することとなります。

ただし、次の①及び②を記載することもできます（新消令70の14⑤、インボイスＱ＆Ａ問49）。

① その任意組合等のいずれか（一又は複数）の組合員の「氏名又は名称及び登録番号」
② その任意組合等の名称

Question158

適格請求書類似書類等の発行禁止

適格請求書発行事業者でない者が適格請求書等を発行した場合、どうなりますか。

Answer

1 適格請求書類似書類等の交付の禁止

「適格請求書」、「適格簡易請求書」、「電子インボイス」を交付することができるのは、税務署長に申請して登録を受けた適格請求書発行事業者だけです。適格請求書発行事業者でない者が、適格請求書発行事業者が作成した適格請求書又は適格簡易請求書であると誤認されるおそれのある表示をした書類の交付又は提供を行うことは禁止されています（新消法57の5）。

2 偽りの適格請求書等の交付の禁止

適格請求書発行事業者については、偽りの記載をした適格請求書等の交付又は提供を行うことが禁止されています（新消法57の5）。

3 罰則

上記の禁止行為を行った者は、1年以下の懲役又は50万円以下の罰金に処するものとされています（新消法65四）。

区分	禁止行為	罰則
適格請求書発行事業者	偽りの記載をした適格請求書等の交付又は提供	1年以下の懲役又は50万円以下の罰金
適格請求書発行事業者でない者	適格請求書発行事業者が作成した適格請求書等であると誤認されるおそれのある表示をした書類の交付又は提供	

Question159

仕入税額控除の要件

適格請求書等保存方式では、適格請求書等の保存があれば、帳簿の保存がなくても仕入税額控除を適用することができますか。

Answer

1 仕入税額控除の要件

適格請求書等保存方式の下では、所定の事項が記載された帳簿及び適格請求書等の保存が仕入税額控除の要件となります（新消法30⑦）。

登録番号の記載のある適格請求書等があっても、帳簿の保存がない場合には、仕入税額控除を適用する要件を欠くことになります。

2 帳簿の記載事項

適格請求書等保存方式において保存すべき帳簿の記載事項は、次のとおりです（新消法30⑧）。これは、区分記載請求書等保存方式における帳簿の記載事項と同様です。相手方の登録番号を記載する必要はありません。

帳簿の記載事項
① 課税仕入れの相手方の氏名又は名称（登録番号は不要）
② 課税仕入れを行った年月日
③ 課税仕入れに係る資産又は役務の内容（課税仕入れが他の者から受けた軽減対象資産の譲渡等に係るものである場合には、軽減対象資産の譲渡等に係るものである旨を付記する）
④ 課税仕入れに係る支払対価の額

(1) コードや記号による記載

上記①の課税仕入れの相手方の氏名又は名称は、取引先コード等の記号・番号等による表示が認められます。

上記③の課税仕入れに係る資産又は役務の内容についても、商品コード等の記号・番号等によることができます。ただし、その仕入れが課税取引かどうか、軽減対象課税資産の譲渡等かどうかの判別が明らかでなければなりません（インボイス通達4-5）。

(2) 軽減対象資産の譲渡等に係るものである旨の記載

軽減対象資産の譲渡等に係るものである旨の記載は、「軽減」等と省略して記載するこ

とや事業者が定めた記号を付す方法によることができます。したがって、帳簿における税区分を「軽減対象資産の譲渡等」としていれば、この要件を満たすことになります。

会計システムでは、仕訳入力の際に適用税率を軽減税率とインプットすることで要件が満たされます。

3 保存するべき請求書等

(1) 国内における課税仕入れ

課税仕入れについては、帳簿の保存に併せて、原則として、次に掲げるものの保存が仕入税額控除の要件となります（新消法30⑦⑨）。

課税仕入れにつき保存するべき請求書等
① 適格請求書
② 適格簡易請求書
③ 電子インボイス（①又は②の記載事項に係る電磁的記録）
④ 事業者が課税仕入れについて作成する仕入明細書、仕入計算書等の書類で、適格請求書の記載事項が記載されているもの（適格請求書発行事業者の確認を受けたものに限る。電磁的記録を含む。）
⑤ 出荷者から委託を受けた受託者が、卸売市場において卸売の業務として生鮮食料品等の譲渡を行う場合に作成する請求書、納品書等（受託者が発行する適格請求書等）
⑥ 生産者から委託を受けた農協、漁協、森林組合等が、無条件委託方式、かつ、共同計算方式により生産者を特定せずに農林水産物の譲渡を行う場合に作成する請求書、納品書等（農協等が発行する適格請求書等）

(2) 輸入

課税貨物の引取りについては、課税貨物の輸入の許可書等の保存が必要です。

4 適格請求書等の保存を要しない取引

請求書等保存方式及び区分記載請求書等保存方式において、課税仕入れに係る支払対価の額の合計額が3万円未満である場合に帳簿の保存のみで仕入税額控除が認められる特例（消法30⑦、消令49①）があります。

令和5年10月1日以後は、これに代えて、次に掲げる課税仕入れについて、適格請求書等の保存を不要とする取扱いが設けられます（新消法30⑦、新消令49①）。

次問の **Question160** を参照してください。

Question160

適格請求書等の保存を要しない場合

どのような場合に、適格請求書等の保存がなくても仕入税額控除が認められるのですか。

Answer

1 適格請求書等の保存を要しない取引

次の取引については、所定の事項が記載された帳簿のみの保存により仕入税額控除が認められます（新消令49①、新消規15の4）。

適格請求書等の保存を要しない取引
① 公共交通機関特例の対象として適格請求書の交付義務が免除される3万円未満の公共交通機関による旅客の運送
② 適格簡易請求書の記載事項（取引年月日以外）が記載されている入場券等が使用の際に回収される取引（①に該当するものを除く。）
③ 古物営業を営む者の適格請求書発行事業者でない者からの古物（古物営業を営む者の棚卸資産に該当するものに限る。）の購入
④ 質屋を営む者の適格請求書発行事業者でない者からの質物（質屋を営む者の棚卸資産に該当するものに限る。）の取得
⑤ 宅地建物取引業を営む者の適格請求書発行事業者でない者からの建物（宅地建物取引業を営む者の棚卸資産に該当するものに限る。）の購入
⑥ 適格請求書発行事業者でない者からの再生資源及び再生部品（購入者の棚卸資産に該当するものに限る。）の購入
⑦ 適格請求書の交付義務が免除される3万円未満の自動販売機及び自動サービス機からの商品の購入等
⑧ 適格請求書の交付義務が免除される郵便切手類のみを対価とする郵便・貨物サービス（郵便ポストに差し出されたものに限る。）
⑨ 従業員等に支給する通常必要と認められる出張旅費等（出張旅費、宿泊費、日当及び通勤手当）

(1) 古物営業を営む者の特例

上記③、④、⑤、⑥は、適格請求書発行事業者以外の者から買い受けた場合に限り、帳簿のみの保存で仕入税額控除が認められます（新消法30⑦、新消令49①一ハ(1)～(4)）。相手方が適格請求書発行事業者である場合は、適格請求書の交付を受け、それを保存する必要があります。

(2) 出張旅費等

　上記⑨について、社員に支給する出張旅費、宿泊費、日当等のうち、その旅行に通常必要であると認められる部分の金額については、課税仕入れに係る支払対価の額に該当し（消基通11−2−1）、所得税が非課税となる範囲内（所基通9−3）で、帳簿のみの保存で仕入税額控除が認められることになります。

　また、従業員等に支給する通勤手当のうち、通勤に通常必要と認められる部分の金額は、課税仕入れに係る支払対価の額として取り扱われ（消基通11−2−2）、帳簿のみの保存で仕入税額控除が認められます（新消令49①一ニ、新消規15の4三）。「通勤者につき通常必要であると認められる部分」とは、事業者が通勤者に支給する通勤手当が、その通勤者がその通勤に必要な交通機関の利用又は交通用具の使用のために支出する費用に充てるものとした場合に、その通勤に通常必要であると認められるものをいい、所得税において非課税とされる上限15万円を超えていてもかまいません（インボイス通達4-10）。

2 適格請求書等の保存を要しない場合の帳簿の記載事項

　適格請求書等の保存を要せず帳簿の保存のみで仕入税額控除が認められる場合には、帳簿について、通常必要な記載事項に加え、次の事項の記載が必要となります。

---
① 帳簿のみの保存で仕入税額控除が認められるいずれかの仕入れに該当する旨
　（例えば、「3万円未満の鉄道料金」、「入場券等」など）
② 仕入れの相手方の住所又は所在地

　ただし、次の課税仕入れについては、②の「仕入れの相手方の住所又は所在地」を記載する必要はありません（インボイス通達4−7）。

イ　適格請求書の交付義務が免除される3万円未満の公共交通機関（船舶、バス又は鉄道）による旅客の運送
ロ　適格請求書の交付義務が免除される郵便役務の提供
ハ　使用人等に支払った課税仕入れに該当する出張旅費等（出張旅費、宿泊費、日当及び通勤手当）
ニ　上記1③の古物の購入（古物営業法により帳簿等へ相手方の氏名及び住所を記載することとされているもの以外のものに限る。）
ホ　上記1④の質物の取得（質屋営業法により帳簿等へ相手方の氏名及び住所を記載することとされているもの以外のものに限る。）
ヘ　上記1⑤の建物の購入（宅地建物取引業法により帳簿等へ相手方の氏名及び住所を記載することとされているもの以外のものに限る。）
ト　上記1⑥の再生資源及び再生部品の購入（事業者以外の者から受けるものに限る。）

Question161

電子インボイスの保存方法

電子インボイスを受け取った場合の保存の方法を教えてください。

Answer

1 電子帳簿保存法に準じる方法

電子インボイスは、次のとおり、電子帳簿保存法施行規則8条1項に規定する要件に準じて保存しなければなりません（新消令50①、新消規15の5）。

電子インボイスの保存方法
① 次のイ又はロのいずれかの措置を行うこと 　イ　適格請求書に係る電磁的記録の受領後遅滞なくタイムスタンプを付すとともに、その電磁的記録の保存を行う者又はその者を直接監督する者に関する情報を確認することができるようにしておくこと（電帳規8①一） 　ロ　適格請求書に係る電磁的記録の記録事項について正当な理由がない訂正及び削除の防止に関する事務処理の規程を定め、当該規程に沿った運用を行うこと（電帳規8①二） ② 適格請求書に係る電磁的記録の保存等に併せて、システム概要書の備付けを行うこと（電帳規3①三、8①） ③ 適格請求書に係る電磁的記録の保存等をする場所に、その電磁的記録の電子計算機処理の用に供することができる電子計算機、プログラム、ディスプレイ及びプリンタ並びにこれらの操作説明書を備え付け、その電磁的記録をディスプレイの画面及び書面に、整然とした形式及び明瞭な状態で、速やかに出力できるようにしておくこと（電帳規3①四、8①） ④ 適格請求書に係る電磁的記録について、次の要件を満たす検索機能を確保しておくこと（電帳規3①五、8①） 　イ　取引年月日、その他の日付、取引金額その他の主要な項目（請求年月日、請求金額、取引先名称等）を検索条件として設定できること 　ロ　日付又は金額に係る記録項目については、その範囲を指定して条件を設定することができること 　ハ　二以上の任意の記録項目を組み合わせて条件を設定できること

2 印刷して保存する方法

電磁的記録を整然とした形式及び明瞭な状態で出力した書面を保存していれば、請求書等の保存要件を満たすこととなり（新消規15の5②）、提供を受けた電磁的記録を保存する必要はありません。

Question162

仕入明細書を保存する場合

仕入明細書を保存する場合の相手方への確認方法について説明してください。

Answer

1 仕入明細書の保存

事業者が、課税仕入れについて自己が作成した仕入明細書、仕入計算書等の書類で、適格請求書の記載事項が記載されているものにつき、適格請求書発行事業者の確認を受けて保存している場合には、仕入税額控除の請求書等の保存の要件を満たすものとなります。

2 仕入明細書の相手方への確認

仕入税額控除の適用要件を満たす仕入明細書等は、適格請求書発行事業者である相手方の確認を受けたものに限られます（新消法30⑨三、インボイス通達4−6）。この相手方の確認を受ける方法は、例えば、次のような方法です（インボイスＱ＆Ａ問57）。

① 仕入明細書等の記載内容を、通信回線等を通じて相手方の端末機に出力し、確認の通信を受けた上で、自己の端末機から出力したもの
② 仕入明細書等に記載すべき事項に係る電磁的記録につきインターネットや電子メールなどを通じて課税仕入れの相手方へ提供し、相手方から確認の通知等を受けたもの
③ 仕入明細書等の写しを相手方に交付し、又は仕入明細書等の記載内容に係る電磁的記録を相手方に提供した後、一定期間内に誤りのある旨の連絡がない場合には記載内容のとおり確認があったものとする基本契約等を締結した場合におけるその一定期間を経たもの

③については、次のように、仕入明細書等の記載事項が相手方に示され、その内容が確認されている実態にあることが明らかであれば、相手方の確認を受けたものとなります。

- 仕入明細書等に「送付後一定期間内に誤りのある旨の連絡がない場合には記載内容のとおり確認があったものとする」旨の通知文書等を添付して相手方に送付し、又は提供し、了承を得る。
- 仕入明細書等又は仕入明細書等の記載内容に係る電磁的記録に「送付後一定期間内に誤りのある旨の連絡がない場合には記載内容のとおり確認があったものとする」といった文言を記載し、又は記録し、相手方の了承を得る。

Question163
立替払いである場合

代表となる事業者が立替払いをして清算する場合でも、仕入税額控除は認められますか。

Answer

1 立替払いに係る適格請求書

　課税仕入れに係る支払対価の額につき、例えば、事業者Aと事業者Bが一の事務所を借り受け、その賃料を事業者Aが立替払いした場合のように、その立替払に係る適格請求書が事業者Aのみに交付され、事業者Bが適格請求書の交付を受けることができない場合が考えられます。この場合には、事業者Bは、事業者Aから立替払に係る適格請求書の写し及び事業者Bの課税仕入れに係る仕入税額控除に必要な事項が記載された明細書等の交付を受けて保存することにより、その課税仕入れに係る適格請求書の保存があるものとして取り扱われます（インボイス通達4-2）。

2 立替精算書の保存によることができる

　一の事業者Aが、多数の事業者の課税仕入れに係る支払対価の額につき一括して立替払を行ったことにより、適格請求書の写しの作成が大量となり、その写しを交付することが困難である場合も想定されます。この場合において、事業者Aが、次の措置を行っているときは、立替えを受けた各事業者は、その立替金精算書の保存をもって、仕入税額控除を行うことができます（インボイス通達4-2）。

① 立替払に係る適格請求書を保存し、
② 立替えを受けた各事業者が、その課税仕入れが適格請求書発行事業者から受けたものかどうかを確認できる措置を講じた上で、立替えを受けた各事業者の負担額が記載されている立替金精算書を交付する

* 適格請求書の記載事項である「税抜価額又は税込価額を税率の異なるごとに区分して合計した金額」「消費税額等（消費税額及び地方消費税額の合計額）」は、課税仕入れを行った事業者ごとに合理的に区分して、交付する明細書等に記載する必要があります。
* 各事業者の課税仕入れが適格請求書発行事業者から受けたものかどうかを当事者間で確認できるための措置としては、例えば、明細書等に各事業者の課税仕入れに係る相手方の氏名又は名称及び登録番号を記載する方法のほか、これらの事項について各事業者へ別途書面等により通知する方法又は立替払に関する基本契約書等において明らかにする方法があります。

Question164
任意組合の構成員が保存する書類

任意組合で共同事業としての課税仕入れがある場合、各構成員が適格請求書等の原本を保存するのですか。

Answer

1 適格請求書等のコピーと精算書の保存

　任意組合を結成して共同事業を行う場合には、一般に、仕入先から交付される請求書等は幹事会社が保管し、構成員は、幹事会社から精算書の交付を受けて事務を行うことになります。

　このように、幹事会社が課税仕入れの名義人となっている等の事由により各構成員が適格請求書の交付を受けることができない場合は、構成員は、次の書類を保存することにより、仕入税額控除を行うことができます（インボイスＱ＆Ａ問63）。

① 幹事会社が仕入先から交付を受けた適格請求書等のコピー
② 幹事会社が作成した各構成員の出資金等の割合に応じた課税仕入れに係る対価の額の配分内容を記載した精算書

2 コピーの交付が困難である場合

　コピーが大量となる等の事情により、立替払を行った幹事会社が上記①の適格請求書等のコピーを交付することが困難な場合には、幹事会社が適格請求書等を保存し、各構成員は、②の精算書を保存することによって、仕入税額控除を行うことができます（インボイス通達4-2）。この場合、幹事会社は、精算書に、仕入税額控除が可能な適格請求書発行事業者からの仕入れか、あるいは適格請求書発行事業者以外の者からの仕入れかを明らかにし、適用税率ごとに区分するなど、各構成員が仕入税額控除を行うために必要な事項を記載する必要があります。

　なお、仕入税額控除の要件を満たすためには、帳簿に、課税仕入れの相手方の氏名又は名称を記載する必要があります。適格請求書等のコピーの交付がない場合には、幹事会社と構成員との間で、課税仕入れの相手方の氏名又は名称及び登録番号を確認できるようにしておく必要があります。ただし、これらの事項について、別途、書面等で通知する場合や継続的な取引に係る契約書等で別途明らかにされている等の場合には、精算書に記載していなくても問題はありません。

Question165

口座振替の家賃

家賃を口座振替で支払っている場合は、何を保存すればよいのでしょうか。

Answer

1 取引の都度、請求書や領収書が交付されない取引

　契約書に基づき代金決済が行われ、取引の都度、請求書や領収書が交付されない取引であっても、仕入税額控除を受けるためには、原則として、適格請求書の保存が必要です。

　適格請求書は、一定期間のまとめ記載もできるので、相手方から一定期間の取引を取りまとめて記載した適格請求書の交付を受け、それを保存することによる対応も可能です。

　また、適格請求書として必要な記載事項は、一の書類に全てが記載されている必要はなく、複数の書類に分けて適格請求書の記載事項を記載することも可能ですから、契約書に適格請求書として必要な記載事項の一部が記載されており、実際に取引を行った事実を客観的に示す書類とともに保存しておけば、仕入税額控除の要件を満たすこととなります。

2 口座振替による家賃の支払

　口座振替による家賃である場合は、適格請求書の記載事項のうち、例えば、課税資産の譲渡等の年月日以外の事項が記載された契約書とともに、課税資産の譲渡等の年月日の事実を示す通帳を併せて保存することにより、仕入税額控除の要件を満たすこととなります。

　また、口座振込により家賃を支払う場合も、契約書と銀行が発行した振込金受取書をあわせて保存することにより、仕入税額控除の要件を満たすこととなります。

　適格請求書等保存方式が導入される令和5年9月30日以前からの契約については、登録番号等の適格請求書として必要な事項の通知を受けて従前の契約書とともに保存していれば差し支えありません。

3 適格請求書発行事業者であることの確認

　取引の都度、請求書等が交付されない取引については、取引の中途で取引の相手方（売り手）が適格請求書発行事業者でなくなる場合も想定されますが、その旨の連絡がない場合には、仕入れ側は、その事実を把握することは困難です。

　適格請求書発行事業者以外の者に支払う取引対価の額については、原則として、仕入税額控除を行うことはできませんから、国税庁のホームページで相手方が適格請求書発行事業者か否かを確認するなどの対応が考えられます（インボイスＱ＆Ａ問65）。

Question166

消費税額の計算方法

仕入税額は受け取った適格請求書に記載された税額をひたすら足し算して算出するのですか。

Answer

1 課税標準額に対する消費税額（売上税額）の計算方法

課税標準額に対する消費税額（売上税額）は、原則として、割戻し計算によって算出します（新消法45①）。

ただし、適格請求書発行事業者は、保存する適格請求書の写し、適格簡易請求書の写し、電子インボイスの電磁的記録に記載等した税額から算出する積上げ計算によることができます（新消法45⑤、新消令62①）。

なお、現行制度における旧消費税法施行規則22条1項の「積上げ計算の特例」を容認する経過措置は、廃止されます。

売上税額の計算方法	
原則【割戻し計算】	特例【積上げ計算】
税率ごとに区分した課税期間中の税込合計額から課税標準額を算出し、それぞれ税率を乗じて計算する方法	交付・保存した適格請求書等に記載した消費税額等の額に $\frac{78}{100}$ を乗じて算出した消費税額を積み上げて計算する方法

* 令和元年10月1日以後は、合計税率10％、8％のいずれにおいても、国税と地方税の比率は78：22となります（地方税法72の83）。したがって、適用する税率がいずれであっても、仮受消費税等の額の $\frac{78}{100}$ 相当額が国税部分の税額となります。

2 仕入れに係る消費税額の計算方法

課税仕入れに係る消費税額は、原則として、積上げ計算です（新消法30①、新消令46①②）。ただし、売上げに係る税額の計算を「割戻し計算」としている場合は、課税仕入れに係る税額についても「割戻し計算」とすることができます（新消令46③）。

積上げ計算には、請求書等積上げ方式と帳簿積上げ方式とがあります。いずれを適用するかは事業者の任意であり、請求書等積上げ方式と帳簿積上げ方式との併用も可能です（インボイス通達4-3）。

仕入税額の計算方法		
原則【積上げ計算】		特例【割戻し計算】
請求書等積上げ計算	帳簿等積上げ計算	
適格請求書等に記載された消費税額等の額に$\frac{78}{100}$を乗じて算出した消費税額を積み上げて計算する方法	課税仕入れの都度、課税仕入れに係る支払対価の額（税込）に$\frac{10}{110}$（軽減税率は$\frac{8}{108}$）を乗じて算出した金額（1円未満の端数は切捨て又は四捨五入）を仮払消費税額等として帳簿に計上し、その金額の合計額に$\frac{78}{100}$を乗じて算出した消費税額を積み上げて計算する方法	税率の異なるごとに区分した課税仕入れに係る対価の額（税込）の合計額にそれぞれ税率を乗じて計算する方法

* 受領した請求書が消費税額等の記載のない適格簡易請求書である場合には、課税仕入れに係る支払対価の額を基礎として消費税額等を計算し、1円未満の端数につき税率の異なるごとにその端数を切捨て又は四捨五入する処理ができます（新消令46①）。

3 売上税額の計算方法と仕入税額の計算方法の適用のパターン

事業者は、次の組み合わせで、売上げに係る税額及び仕入れに係る税額を算出します。

適用可能な組み合わせ	
売上げに係る税額	仕入れに係る税額
原則：割戻し計算	原則：積上げ計算
原則：割戻し計算	特例：割戻し計算 （売上げに係る税額につき割戻し計算が要件）
特例：積上げ計算 （適格請求書等の写しを保存している場合）	原則：積上げ計算

売上げに係る税額の計算を「積上げ計算」とし、仕入れに係る税額の計算を「割戻し計算」とすることはできません（新消令46③）。

これは、売上税額と仕入税額の計算方法の違いを利用した有利計算を排除する措置であると説明されています。

適用できない組み合わせ	
売上げに係る税額	仕入れに係る税額
特例：積上げ計算	特例：割戻し計算

Question 167

免税事業者からの仕入れに係る経過措置

仕入先が免税事業者である場合の仕入税額控除の特例措置について説明してください。

Answer

1 仕入先の確認

事業者登録制度がない場合には、取引相手が課税事業者であるか免税事業者であるかを知ることはできません。しかし、「適格請求書等保存方式」においては、免税事業者は請求書等に登録番号を記載することができませんから、課税仕入れを行った事業者は、登録番号の記載のない請求書等を受け取ることによって、仕入先が免税事業者であると確認することになります。

適格請求書等が交付されない課税仕入れは、仕入税額控除の対象から除外しなければなりません。

2 仕入税額控除の経過措置

ただし、激変緩和の趣旨から、適格請求書等保存方式の導入後6年間は、適格請求書等保存方式において仕入税額控除が認められない課税仕入れであっても、区分記載請求書等保存方式において仕入税額控除の対象となるものについては、次の割合で仕入税額控除が認められます。

免税事業者からの課税仕入れにつき仕入税額控除の対象とすることができる割合
令和5年10月1日から令和8年9月30日までの3年間……80%
令和8年10月1日から令和11年9月30日までの3年間……50%

この経過措置の適用を受けるためには、区分記載請求書等と同様の記載事項が記載された請求書等の保存が必要です。また、帳簿に、経過措置の適用を受ける課税仕入れである旨を記載しておかなければなりません。

第6章

事業者の対応
―転嫁対策特別措置法と複数税率下の価格設定―

Question168

転嫁対策特別措置法の規制と緩和

消費税率引上げに際しては、転嫁対策特別措置法に注意しなければならないとのことですが、具体的にどのような規制があるのですか。

Answer

5％から8％への消費税率の引上げに際し、「消費税の円滑かつ適正な転嫁の確保のための消費税の転嫁を阻害する行為の是正等に関する特別措置法」（平成25年法律第41号。以下「転嫁対策特別措置法」といいます。）が制定され、平成25年10月1日から施行されています。転嫁対策特別措置法には、次の4つの特例措置が設けられています。

1 消費税の転嫁拒否等の行為の是正に関する特別措置（転嫁拒否の禁止）

「特定事業者」は、「特定供給事業者」から受ける商品又は役務の供給に関して、消費税の転嫁拒否等の行為を行うことが禁止されています（転嫁対策特別措置法3）。

	特定事業者（買手）	特定供給事業者（売手）
①	大規模小売事業者	大規模小売事業者に継続して商品又は役務を供給する事業者
②	右欄の特定供給事業者から継続して商品又は役務の供給を受ける法人事業者	・資本金等の額が3億円以下の事業者 ・個人事業者等

禁止行為	具体例
①減額	本体価格に消費税分を上乗せした額を対価とする旨契約していたが、消費税分の全部又は一部を事後的に対価から減じること
②買いたたき	原材料費の低減等の状況変化がない中で、消費税率引上げ前の税込価格に消費税率引上げ分を上乗せした額よりも低い対価を定めること
③商品購入等の要請	消費税率引上げ分を上乗せすることを受け入れる代わりに、取引先にディナーショーのチケットなどを購入させること
④本体価格での交渉の拒否	本体価格（消費税抜価格）で交渉したいという申出を拒否すること
⑤報復行為	転嫁拒否をされた事業者が、①～④の行為が行われていることを公正取引委員会などに知らせたことを理由に、取引の数量を減らしたり、取引を停止したりするなど、不利益な取扱いをすること

違反行為を防止又は是正するため、公正取引委員会、主務大臣、中小企業庁長官が必要な指導・助言を行います。

また、違反行為があった場合には、公正取引委員会が勧告を行い、その旨を公表します。

2 消費税の転嫁を阻害する表示の是正に関する特別措置（消費税還元セールの禁止）

転嫁対策措置法8条は、あたかも消費者が消費税を負担していない又はその負担が軽減されているかのような誤認を消費者に与えないようにするとともに、納入業者に対する買いたたきや競合する小売事業者の消費税の転嫁を阻害することにつながらないようにするため、事業者が消費税分を値引きする等の宣伝や広告を行うことを禁止しています。

	禁止される表示	具体例
①	取引の相手方に消費税を転嫁していない旨の表示	「消費税は転嫁しません」 「消費税は当店が負担しています」
②	取引の相手方が負担すべき消費税に相当する額を対価の額から減ずる旨の表示で、消費税との関連を明示しているもの	「消費税率上昇分値引きします」
③	消費税に関連して取引の相手方に経済上の利益を提供する旨の表示であって②に掲げる表示に準ずるもの	「消費税相当分、次回の購入に利用できるポイントを付与します」

違反行為を防止又は是正するため、消費者庁、公正取引委員会、主務大臣、中小企業庁長官が必要な指導・助言を行います。また、違反行為があると認めるときは、消費者庁が勧告を行い、その旨を公表します。

3 価格の表示に関する特別措置（総額表示義務の緩和）

(1) 総額表示の義務

消費税法63条は、課税事業者は、対消費者取引では、不特定かつ多数の者に課税資産の譲渡等を行う場合において、あらかじめ価格を表示するときは、消費税額及び地方消費税額の合計額に相当する額を含めた総額表示の義務を規定しています。

(2) 転嫁対策特別措置法の特別措置

総額表示の義務については、転嫁対策特別措置法に特別措置が設けられています。

令和3年3月31日までは、消費税の円滑かつ適正な転嫁の確保や事業者の値札の貼り替えなどの事務負担に配慮する観点から、表示価格が税込価格であると誤認されないための措置を講じていれば、「税込価格」によらず、「税抜価格」の表示をすることができます

(転嫁対策特別措置法10、11)。

ただし、消費者への配慮の観点から、できるだけ速やかに「税込価格」を表示するよう努めることとされています。

具体例
値札、チラシ、ポスター、商品カタログ、インターネットのウェブページ等において、商品等の価格を次のように表示する。 　　　○○円（税抜）　　○○円（本体価格）　　○○円＋消費税等
個々の値札等においては ○○円 と税抜価格のみを表示し、別途、店内の消費者が商品等を選択する際に目に付きやすい場所に、明瞭に、「当店の価格は全て税抜価格となっています。」といった掲示を行う。

4　消費税の転嫁及び表示の方法の決定に係る共同行為に関する特別措置

　公正取引委員会に対して事前に届け出ることによって、事業者又は事業者団体が行う次の転嫁カルテル・表示カルテルが、独占禁止法の適用から除外されます（転嫁対策特別措置法12、13）。

(1)　転嫁価格カルテル（消費税の転嫁の方法の決定に係る共同行為）

　参加事業者の3分の2以上が中小事業者である場合に、次の取り決めを行うことができます。

①事業者がそれぞれ自主的に定めている本体価格に、消費税額分を上乗せすること
②消費税額分を上乗せした結果、計算上生じる端数について、切上げ、切捨て、四捨五入等により合理的な範囲で処理すること

　なお、税込価格や税抜価格（本体価格）を決めることは、独占禁止法に違反する行為となります。

(2)　表示カルテル（消費税についての表示の方法の決定に係る共同行為）

　事業者は、消費税についての表示の方法について、例えば、次の取り決めを行うことができます。

①税率引上げ後の価格について、「消費税込価格」と「消費税額」とを並べて表示する方法を用いること
②税率引上げ後の価格について、「消費税込価格」と「消費税抜価格」とを並べて表示する方法を用いること

Question169

対消費者取引（B to C）と事業者間取引（B to B）の価格設定

対消費者取引（B to C）と事業者間取引（B to B）とでは、価格についてどのような留意点がありますか。

Answer

1 対消費者取引（B to C）

「価格設定のガイドライン」にもみられるように、政府は、対消費者取引（B to C：Business to Consumer）では、税込で価格を設定することが望ましいとしています。

また、消費税法63条は、課税事業者は、対消費者取引では、不特定かつ多数の者に課税資産の譲渡等を行う場合において、あらかじめ価格を表示するときは、税込価格を表示しなければならないものと定めています。

ただし、令和3年3月31日までは、転嫁対策特別措置法により、表示価格が税込価格であると誤認されないための措置を講じていることを要件に、税抜価格を表示することが認められています（転嫁対策特別措置法10、11）。

これは、適正な転嫁の確保や値札の貼替えといった事務負担に配慮するものですが、例えば「999円（税抜）」という表示の方が、「1,098円（税込）」という表示よりも値ごろ感があり、販売促進の観点から税抜表示を選択しているという場合もあります。この場合には、転嫁対策特別措置法による価格表示の容認は、令和3年3月31日までの時限措置であることを踏まえ、どの時点で税込価格の表示に切り替えるか、早期の検討が必要です。

なお、飲食料品の提供方法（店内飲食又は持帰り）によって税率が異なる場合の価格設定の考え方については、**Question171** を参照してください。

2 B to B（事業者間取引）

転嫁対策特別措置法は、特定事業者に対する転嫁拒否を禁じています。

消費税の負担は、取引額への上乗せにより、最終消費にまで転嫁することを予定しており、事業者間取引（B to B：Business to Business）では、適正な税負担の転嫁の実現が求められます。したがって、事業者間取引では、B to Cとは違って、本体価格での取引額の決定と税率に見合う消費税額等の上乗せが必要です。

Question170

価格設定のガイドライン

価格設定のガイドラインとは、どのようなものですか。

Answer

1 ガイドラインの公表

平成30年11月28日、政府は、「消費税率の引上げに伴う価格設定について（ガイドライン）」を公表しました。

◆ 消費税率の引上げに伴う価格設定について（ガイドライン）

（内閣官房、公正取引委員会、消費者庁、財務省、経済産業省、中小企業庁）

1．価格設定に関する考え方

➢ 我が国においては、消費税が1989年に導入されて以降、導入時及び税率引上げ時に、一律一斉に価格が引き上げられるものとの認識が広く定着しています。

➢ これに対し、1960年代から1970年代前半に付加価値税が導入され、税率引上げの経験を積み重ねてきている欧州諸国では、税率引上げに当たり、どのようなタイミングでどのように価格を設定するかは、事業者がそれぞれ自由に判断しています。このため、税率引上げの日に一律一斉に税込価格の引上げが行われることはなく、税率引上げ前後に大きな駆け込み需要・反動減も発生していません。

➢ たしかに、消費税は、事業者ではなく、消費者が最終的には負担することが予定されているため、消費税率引上げ後に小売事業者が値引きを行う場合、消費税転嫁対策特別措置法により、「消費税はいただいていません」「消費税還元セール」など、消費税と直接関連した形で宣伝・広告を行うことは禁止されていますが、これは事業者の価格設定のタイミングや値引きセールなどの宣伝・広告自体を規制するものではありません。例えば、「10月1日以降〇％値下げ」「10月1日以降〇％ポイント付与」などと表示することは問題ありません。

➢ また、今回は、中小・小規模小売事業者に対して、来年10月の消費税引上げ後の一定期間に限り、ポイント還元といった新たな手法などによる支援などを行う予定です。これにより、中小・小規模小売事業者は、消費税率引上げ前後に需要に応じて柔軟に価格設定できる幅が広がるようになります。

➢ 大企業においても、消費税率引上げ後、自らの経営資源を活用して値引きなど自由に価格設定を行うことに何ら制約はありません。

2．適正な転嫁の確保

➢ このように消費税率引上げ後、小売事業者が自らの経営判断により値引きを行うことに法令上の制約はありませんが、事業者間の取引については、当該小売事業者に製品・サービスを納入する下請事業者等がしわ寄せを受け、適正な価格転嫁ができず、増税分を負担させられるような事態があってはなりません。

> 消費税転嫁対策特別措置法は、小売事業者や下流の事業者が、下請事業者や上流の事業者に対し、消費税増税分を減額するよう求めたり、利益提供を求めたりすることなどを禁止しています。来年10月の消費税率引上げに際しても、下請事業者等に対するこうした不当な行為がなされないよう、引き続き、転嫁Gメンによる監視や関係機関による周知を厳格に行っていきます。

3．その他

> 消費税率引上げ後、消費の平準化を図るために一定の支援措置を講じる予定としており、事実に反して、消費税率引上げ前に、「今だけお得」といった形で消費者に誤認を与え駆け込み購入を煽る行為は、景品表示法に違反する可能性があります。
> 消費税転嫁対策特別措置法は、税込価格の表示（総額表示）を義務化している消費税法の特例として、「事業者が表示する価格が税込価格と誤認されないための措置を講じているときは、税抜価格を表示できる」と規定しており、これについて特に変更はありません。
> また、従来、消費税率の引上げを理由として、それ以上の値上げを行うことは「便乗値上げ」として抑制を求めてきましたが、これは消費税率引上げ前に需要に応じて値上げを行うなど経営判断に基づく自由な価格設定を行うことを何ら妨げるものではありません。

2 ガイドラインに関する具体的な例・イメージ

また、ガイドラインには、次のような具体的な例とイメージが示されています。

価格設定に関する考え方（ガイドライン１．関係）

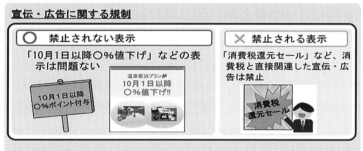

適正な転嫁の確保（ガイドライン２．関係）

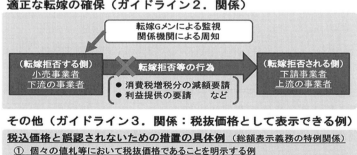

その他（ガイドライン３．関係：税抜価格として表示できる例）

税込価格と誤認されないための措置の具体例 （総額表示義務の特例関係）

① 個々の値札等において税抜価格であることを明示する例

○○○円(税抜価格)　○○○円(税別)　○○○円(本体価格)　○○○円+税　○○○円+消費税

② 店内における掲示、チラシ等における表示により一括して税抜価格であることを明示する例

個々の値札等又は個別の商品価格の部分には、「○○○円」と税抜価格のみを表示し、別途、消費者が商品等を選択する際に目につきやすい場所に、明瞭に以下のような表示を行うことが考えられる。

当店（本チラシ）の価格は全て税抜表示となっています。

Question171

持帰りと店内飲食の価格設定

　飲食料品の持帰りと店内飲食の両方を提供する事業者は、商品価格の設定をどのように考えればよいのでしょうか。

Answer

1 価格設定の方法は自由

　どのような価格設定を行うかは、事業者の任意です。

　持帰りと店内飲食の線引きにより、消費者が外食店よりコンビニの利用を増やす、店内飲食よりも出前を増やすなど、消費行動に影響が出る可能性があります。

　飲食料品の販売価格は、コンプライアンスの観点と外食を除くという線引きによる消費行動への影響等を勘案して決定する必要があります。そのスタンスは、次の 2 又は 3 に大別することができます。

2 本体価格に税率ごとの税額相当額を乗せる方法

　これまで比較的多かったのは、本体価格を決め、適用税率に応じた税額を上乗せする方法です。

(1) ファストフード店

　ファストフード店では、1,000円の商品は、持帰りであれば1,080円、店内飲食であれば1,100円になります。

```
テイクアウト等の税抜価格：1,000 円（ 8％）  ➡  税込価格1,080 円
店内飲食の税抜価格　　　：1,000 円（10％）  ➡  税込価格1,100 円
```

　顧客の申告により販売額が変動するので、「持帰り」と言って1,080円を支払い、店内で飲食するという人もいて、顧客のモラルが問われています。ただし、顧客の申告がどうあれ、事業者の利益に変動はなく、また、受領した対価によりいずれの税率を適用して販売したのかが明らかですから、申告書に記載した課税標準の透明性が高いといえます。

(2) そば屋

　そば屋は、出前が1,080円で、店内飲食が1,100円です。

```
出前の税抜価格     ：1,000円（8％） ➡ 税込価格1,080円
店内飲食の税抜価格 ：1,000円（10％）➡ 税込価格1,100円
```

出前には人件費や燃料費などの経費が必要ですが、顧客が支払う金額は安くなります。そのため、これまで店内飲食のために並んでくれた客の多くが出前に変更してしまったというそば屋もあります。

3 持帰り（出前）と店内飲食の税込価額を一律にする方法

複数税率による混乱とオペレーションの複雑化を避けるため、適用する税率にかかわらず、販売価格を税込みで一律にする方法を採用する場合があります。価格の設定は事業者の自由ですから、当然に認められます。

この場合、軽減税率8％が適用されると、本体価格が大きくなり納税額は少なくなります。逆に標準税率10％が適用されると、本体価格が小さくなり納税額が大きくなります。消費者の負担を軽減するという制度の目的とは違って、軽減税率の適用の有無によって事業者の利益が変動するだけです。

税務調査においては、適用税率が正しいことを説明することが困難になると考えられます。

ア 「持帰り」の値上げ

持帰り（軽減税率）、店内飲食（標準税率）の別にかかわりなく、旧税率8％のときに1,080円であった税込価格を1,100円とすることに問題はありません。

(1) ファストフード店

```
テイクアウト等：税込価格1,100円（8％） ➡ 税抜価格1,019円
店内飲食      ：税込価格1,100円（10％）➡ 税抜価格1,000円
```

(2) そば屋

```
出前     ：税込価格1,100円（8％） ➡ 税抜価格1,019円
店内飲食 ：税込価格1,100円（10％）➡ 税抜価格1,000円
```

この場合、持帰りであれば安く購入できるという期待感から、顧客が不満を持つ可能性があります。顧客の理解が得られなければ、商売は成り立ちません。この場合、次のように説明することができます。

・「出前」について、配送料分のコストを上乗せする

- 「テイクアウト」について、容器包装等のコストを上乗せする
- 「店内飲食」の需要を喚起する
- 従業員教育の簡素化や複数の価格を設定することに伴う客とのトラブル防止に資する

イ 「店内飲食」の値下げ

　持帰り（軽減税率）、店内飲食（標準税率）の別にかかわりなく、旧税率8％のときに1,080円であった税込価格を1,080円に据え置く例が見られます。店内飲食は値下げとなります。

　店内飲食の値下げを行ったファストフード店は、次のようなコメントを公表しています。

参考：消費増税に関わるマクドナルドの対応について

　消費増税・軽減税率の実施後も、店内ご飲食・お持ち帰り(ドライブスルー含む)で同一価格とし、また引き続き10円単位の価格とさせていただきます。これにともない、セットメニューを含む全品目の価格の見直しを行います。「ハンバーガー」「チーズバーガー」など全体の約3割の品目では税込価格を10円引き上げさせていただき、定番メニュー「ビッグマック」「チキンマックナゲット5ピース」「プレミアムローストコーヒーSサイズ」「おてごろマック」、お得なセットメニュー「￥500バリューセット」「バリューランチ」各種「夜マック」など全体の約7割の品目では、店内ご飲食における税抜価格を見直すことで2019年10月以降も増税前の税込価格から変わりません。

参考：消費税率引き上げ、軽減税率制度導入に伴うケンタッキーフライドチキンの対応について

　基幹商品の「オリジナルチキン」をできるだけ多くのお客様にお届けしたいとの想いから、「オリジナルチキン」単品及び主な「オリジナルチキン」関連パック、サンド単品などの主力定番商品については、これまでの税込価格を据え置きで販売いたします。一方、一部商品については、消費税およびメニュー全体の価格設定を考慮し、10〜20円の幅で税込価格を上げさせていただきます。

参考：消費税率引き上げ および 軽減税率制度の導入にともなう一部商品の価格改定について（すき家）

　すき家では、消費税率の引き上げおよび軽減税率制度の導入への対応として、お客様の利便性に配慮し、店内での飲食と持ち帰りの場合での税込価格を統一します。
　消費税率の引き上げにともなうお客様の負担に配慮し、最もご支持いただいている牛丼並盛をはじめ、ミニからメガまでの牛丼全サイズ、「とろ〜り3種のチーズ」や「ねぎ玉」などのトッピングについては、店内、持ち帰りともに現行の税込価格にて引き続きご提供いたします。他方、カレーやセットなどの一部商品については、価格の改定を行わせていただきます。

Question172

価格の表示（本体価格に税率ごとの税額相当額を乗せる方法）

飲食料品の持帰りと店内飲食の両方を提供する事業者が本体価格による値決めをする場合の商品価格の表示方法について、具体例を示して説明してください。

Answer

前問の②「本体価格に税率ごとの税額を乗せる方法」による場合の価格表示については、次のような例が示されています（外食産業の価格表示　第二）。

1 テイクアウト等と店内飲食両方の税込価格を表示

【外食事業者のメニュー表示】

メニュー	
ハンバーガー	330円
	（324円）
オレンジジュース	165円
	（162円）
○○セット	550円
	（540円）
※　下段はテイクアウトの値段となります。	

メニュー		
	店内飲食	（出前）
かけそば	770円	（756円）
天ぷらそば	990円	（972円）
天丼	880円	（864円）

【イートインスペースのある小売店等の商品棚における価格表示】

　　　惣菜パン　162円
　　（店内飲食　165円）

両方の税込価格に、税抜価格又は消費税額を併記することもできます。

2 店内掲示等を行うことを前提にどちらか片方のみの税込価格を表示

【外食事業者のメニュー表示】

```
       メニュー
ハンバーガー      330円
オレンジジュース   165円
○○セット        550円
※ テイクアウトの場合、税率
  が異なりますので、別価格と
  なります。
```

```
       出前メニュー
かけそば         756円
天ぷらそば       972円
天丼            864円
※ 店内飲食の場合、税率が異
  なりますので、別価格となり
  ます。
```

【イートインスペースのある小売店等の価格表示】

（商品棚の価格表示）
```
惣菜パン   162円
```

（店内掲示等）
```
店内飲食される場合、税率が
異なりますので、別価格とな
ります。
```

　どちらか片方のみの税込価格を表示する場合、景品表示法上の有利誤認表示に該当する恐れもあり、また、消費者の利便性の確保の観点から、店内掲示等により、店内飲食又はテイクアウト等では価格が異なる旨の注意喚起を行うことが望ましいとされています。

3 税抜価格を表示

　令和3年3月31日までは、誤認防止措置（消費者が税込価格の表示と誤認することを防止する表示）を行っていれば、税抜価格による表示も認められます。

（両方の消費税額を表示）
```
              メニュー
              本体価格（税額：店内飲食/テイクアウト）
ハンバーガー      300円   （30円/24円）
オレンジジュース   150円   （15円/12円）
○○セット        500円   （50円/40円）
```

（片方の消費税額を表示）
```
       出前メニュー
かけそば        700円  ＋  56円
天ぷらそば      900円  ＋  72円
天丼           800円  ＋  64円
※ 店内飲食の場合、税率が異なる
  ため消費税額が異なります。
```

（税抜価格のみを表示）
```
       メニュー
ハンバーガー      300円   （税抜）
オレンジジュース   150円   （税抜）
○○セット        500円   （税抜）
※ 店内飲食とテイクアウトでは、税率が
  異なりますので消費税額が異なります。
```

（税抜価格のみを表示）
```
       出前メニュー
かけそば        700円  ＋  税
天ぷらそば      900円  ＋  税
天丼           800円  ＋  税
※ 出前と店内飲食では、税率が異な
  りますので消費税額が異なります。
```

Question173

価格の表示（税込価格を一律にする方法）

飲食料品の持帰りと店内飲食の両方を提供する事業者が税込価額を一律にする場合の価格表示について、具体例を示して説明してください。

Answer

持帰り（出前）と店内飲食の税込価額を一律にする方法による場合の価格表示については、次のような例示が示されています（外食産業の価格表示　第二）。

【外食事業者のメニュー表示】

メニュー	
チーズバーガー	350円
リンゴジュース	180円
△△セット	600円

メニュー	
かけうどん	600円
天ぷらうどん	800円
かつ丼	850円

【イートインスペースのある小売店等の商品棚における価格表示】

あんパン　170円

なお、「全て軽減税率が適用されます」「消費税は8％しか頂きません」といった表示は、転嫁対策特別措置法において禁止されています。

コラム【便乗値上げは、いけません？】

　内閣府等は、「便乗値上げは、いけません」と題して、「事業者が、他に合理的な理由がないにもかかわらず、税率の上昇に見合った幅以上の値上げをする場合、それは便乗値上げである可能性があります」とアナウンスしています（内閣官房、内閣府、公正取引委員会、消費者庁、財務省「消費税の円滑かつ適正な転嫁のために」13頁）。しかし、便乗値上げについて法律上の定義はなく、罰則等も設けられてはいません。法律の根拠もなく、事業者の自由な価格設定が非難されているのです。市場経済にあって、何を便乗値上げと呼び、何をいけませんと断じるかは、相当に慎重であるべきでしょう。

Question174
飲食料品の譲渡を行う事業者の税率の判断

飲食料品の譲渡を行う事業者は、税率の判断についてどのような点に注意が必要ですか。

Answer

1 適用税率の判断

　飲食料品を扱う事業者は、取り扱う商品の種類や販売形態ごとに、適用する税率を判断します。

　売上げについて軽減税率の対象となるかどうかは、実態の把握、分析、検討を丁寧に行い、取引先からの問合せや税務調査があった場合に説明できるよう判断に至る過程を整理しましょう。

　商品開発に当たっては、軽減税率の適否が重要なポイントとなりますから、軽減税率適用の基準を睨んでの検討が必要となります。

　複数の税率が存在する場合は、その取引に適用する税率について売り手と買い手の判断が異なる場合には、いずれが適正であるかを議論し、確認する作業が必要となります。その結果、契約内容の訂正を行う必要も生じるでしょう。取引はその都度停滞し、企業間の信頼関係に影を落とす事態も起こりかねません。

2 税率誤りのリスク

　軽減対象資産を扱う事業者には、税率の適用を誤った場合のリスクがあります。軽減税率の適用が誤りであったことが税務調査で明らかになった場合、対消費者取引では、遡って取引額を修正し追加の支払いを求めることは不可能です。したがって、その増差税額（多くの場合、数年分の累計額）は、事業者の負担となり、経営状態を一気に悪化させることになるでしょう。

　軽減税率が適用される課税資産の譲渡等に誤って標準税率を適用した場合には、たとえ事業者が標準税率によって納付すべき税額を計算していたとしても、公正な取引の見地から問題となる可能性があり、「税率を偽って不正な取引を行った企業」と批判されることも予想されます。ホームページに掲載した「お詫び」をめぐって、企業の存続を脅かすほどの「炎上」があるかもしれません。

　このようなリスクについても、十分検討し、適用税率を判断しなければなりません。

3 マニュアルの作成と社員教育

飲食料品を扱う小売業者は、軽減税率の線引きに対する消費者の不満の矢面に立たされています。接客担当の従業員一人ひとりに、軽減税率の線引きについて客を納得させる説明ができるだけの教育を行う必要があります。

マニュアルは、社員教育用テキストと現場対応マニュアルの両方が必要となります。

4 ポイントサービス

ポイントサービスを行っている場合は、ポイント使用時の処理基準の検討が必要です。

軽減対象資産とそれ以外の販売につき、割引券を利用するなどにより一括して値引きを行った場合には、それぞれの値引き額は、それぞれの資産の値引き前の対価の額等により按分するなど合理的に算出することとなります（軽減通達15）。

ただし、顧客へ交付する領収書等において、適用税率ごとの値引額又は値引額控除後の対価の額が確認できるときは、適用税率ごとに合理的に区分されているものに該当します（軽減通達15）。

詳細は、**Question104** を参照してください。

Question175

飲食料品の譲渡を行う事業者の業務フロー

飲食料品の譲渡を行う事業者の業務フローは、どうなっていますか。

Answer

飲食料品の譲渡を行う事業者は、売上げ及び仕入れの両方について、適用税率別の管理と記帳等を行わなければなりません。

売上げ
・軽減対象資産の売上げについては、請求書等に次の事項を記載して交付する*。 　①軽減対象資産である旨 　②税率の異なるごとに合計した税込金額 ・売上げを税率ごとに分けて帳簿等に記帳する。

*　免税事業者であっても、課税事業者と取引をする場合は、区分記載請求書等の交付を求められる場合があるため、対応が必要となります。

仕入れ（原価・経費）
・工事の請負や資産の貸付けなど、経過措置によって旧税率を適用する仕入れがあるか確認する。 ・軽減対象資産の仕入れについて、請求書等に次の記載がないときは、仕入先に確認する等して追記する。 　①軽減対象資産である旨 　②税率の異なるごとに合計した税込金額 ・仕入れを税率ごとに分けて記帳する。

申　告
・税率ごとに区分して記帳した帳簿等に基づき消費税額を計算する。 ・中小事業者は、税率ごとに区分することが困難な場合には、税額計算の特例により計算する。

Question176
飲食料品の譲渡を行わない事業者の業務フロー

飲食料品の譲渡を行わない事業者には、軽減税率の影響はないと考えてよろしいですか。

Answer

1 業務フローの見直し

飲食料品の譲渡を行わない事業者であっても、会議のお弁当や飲み物の購入、福利厚生や贈答品としての飲食料品の購入、定期購読契約による新聞の購入等があるものと思われます。

したがって、仕入れについては、税率ごとの区分が必要です。

仕入れ（経費）
• 工事の請負や資産の貸付けなど、経過措置によって旧税率を適用する仕入れがあるか確認する。 • 会議費や交際費、新聞図書費などに軽減対象資産の仕入れがあるか確認する。 　軽減対象資産の仕入れについて、請求書等に次の記載がないときは、仕入先に確認する等して追記する。 　　①軽減対象資産である旨 　　②税率の異なるごとに合計した税込金額 • 仕入れを税率ごとに分けて記帳する。

申告
• 税率ごとに区分して記帳した帳簿等に基づき、控除対象仕入税額を計算する。 • 中小事業者は、税率ごとに区分することが困難な場合には、簡易課税制度の届出特例を適用することができる。

2 軽減税率の仕入れが想定される勘定科目

次のような勘定科目には、軽減税率が適用される課税仕入れがあるものと考えられます。

新聞図書費…定期購読契約の新聞の購入 会 議 費…会議用の弁当や菓子、飲料 接待交際費…中元や歳暮の贈答用の飲食料品、お土産用に購入する飲食料品 広告宣伝費…景品として配布する飲食料品の購入 福利厚生費…コーヒーサーバー用のコーヒー豆やウォーターサーバー用の水

著者／金井恵美子（かない・えみこ）

1992年、税理士試験合格。93年、税理士登録、金井恵美子税理士事務所開設。
近畿大学大学院法学研究科非常勤講師。
［主な論文・著書］
「所得税法第56条の今日的存在意義について」第26回日税研究賞入選
「所得税における損失の取扱いに関する一考察」税法学566号
「税率構造～軽減税率の法制化を踏まえて」日税論集第70号『消費税の研究』
『十二訂版実務消費税ハンドブック』コントロール社
『プロフェッショナル消費税の実務』清文社　　他、多数。

改訂増補
消費税軽減税率170問170答

2020年3月10日　発行

著　者　　金井　恵美子 ©

発行者　　小泉　定裕

発行所　　株式会社 清文社

東京都千代田区内神田1-6-6（MIFビル）
〒101-0047　電話 03(6273)7946　FAX 03(3518)0299
大阪市北区天神橋2丁目北2-6（大和南森町ビル）
〒530-0041　電話 06(6135)4050　FAX 06(6135)4059
URL http://www.skattsei.co.jp/

印刷：亜細亜印刷㈱

■著作権法により無断複写複製は禁止されています。落丁本・乱丁本はお取り替えします。
■本書の内容に関するお問い合わせは編集部までFAX（06-6135-4056）でお願いします。
＊本書の追録情報等は、当社ホームページ（http://www.skattsei.co.jp）をご覧ください。

ISBN978-4-433-71640-0

[令和元年10月改訂]

プロフェッショナル 消費税の実務

税理士　金井恵美子　著

法人税とは異なる消費税独自のロジックを踏まえて、ていねいに解説。実務判断力を補強する重要な裁判例・裁決例・事例を多数収録した、税務のプロ必携の一冊。軽減税率制度の解説もさらに充実。

■B5判792頁/定価：本体 4,200円+税

[令和元年12月改訂]

消費税実務問答集

伊藤克巳　編

消費税の概要から、申告・納付・経理処理まで、その仕組みや取扱いの実務知識を、最新の事例問答で体系的に整理・解説。

■A5判836頁/定価：本体 3,000円+税

[改訂増補]

クマオーの 基礎からわかる消費税
軽減税率・インボイス対応版

税理士　熊王征秀　著

クイズ形式で確認できる軽減税率の解説を加え、消費税の基礎知識や実務のポイントを、図解や設例を多く用いてわかりやすく解説。

■A5判284頁/定価：本体 2,200円+税

データベース税務問答集
税navi zei-navigation

年間利用料 18,000円+税

各税目の実務取扱いを解説した税務問答集の内容すべてをデータベース化。横断的な検索機能、読みやすいレイアウトでの表示や印刷機能を備えたオンラインツールです。

収録書籍
○法人税事例選集
○減価償却実務問答集
○所得税実務問答集
○源泉所得税の実務
○消費税実務問答集
○資産税実務問答集
○個人の税務相談事例500選
○印紙税ハンドブック

詳しくは弊社HPへ → http://www.skattsei.co.jp